宋本周易

三國魏 王弼 晋 韓康伯注

中國國家圖書館藏宋刻本

山東人民出版社・濟南

圖書在版編目（CIP）數據

宋本周易 /（三國魏）王弼，（晋）韓康伯注 .— 濟南：山東人民出版社，2024.3

（儒典）

ISBN 978-7-209-14376-9

Ⅰ．①宋… Ⅱ．①王… ②韓… Ⅲ．①《周易》- 注釋 Ⅳ．① B221.2

中國國家版本館 CIP 數據核字（2024）第 038945 號

項目統籌：胡長青
責任編輯：劉　晨
裝幀設計：武　斌
項目完成：文化藝術編輯室

宋本周易

〔三國魏〕王弼　〔晋〕韓康伯注

主管單位　山東出版傳媒股份有限公司
出版發行　山東人民出版社
出 版 人　胡長青
社　　址　濟南市市中區舜耕路517號
郵　　編　250003
電　　話　總編室（0531）82098914
　　　　　市場部（0531）82098027
網　　址　http://www.sd-book.com.cn
印　　裝　山東華立印務有限公司
經　　銷　新華書店

規　　格　16開（160mm×240mm）
印　　張　12.25
字　　數　98千字
版　　次　2024年3月第1版
印　　次　2024年3月第1次
ISBN 978-7-209-14376-9
定　　價　29.00圓

《儒典》選刊工作團隊

學術顧問　杜澤遜　李振聚　徐　泳

項目統籌　胡長青

責任編輯　劉　晨　劉嬌嬌　張艷艷

　　　　　吕士遠　趙　菲　劉一星

前言

中國是一個文明古國、文化大國，中華文化源遠流長，博大精深。在中國歷史上影響較大的是孔子創立的儒家思想，因此整理儒家經典、注解儒家經典，爲儒家經典的現代化闡釋提供权威、典范、精粹的典籍文本，是推進中華優秀傳統文化創造性轉化、創新性發展的奠基性工作和重要任務。

中國經學史是中國學術史的核心，歷史上創造的文本方面和經解方面的輝煌成果，大量失傳了。西漢是經學的第一個興盛期，除了當時非主流的《詩經》毛傳以外，其他經師的注釋後來全部失傳了。東漢的經解祇有鄭玄、何休等少數人的著作留存下來，其餘也大都失傳了。南北朝至隋朝興盛的義疏之學，其成果僅有皇侃《論語疏》幸存於日本。五代時期精心校刻的《九經》、北宋時期國子監重刻的《九經》以及校刻的單疏本，也全部失傳。南宋國子監刻的單疏本，我國僅存《周易正義》、《爾雅疏》、《春秋公羊疏》（三十卷殘存七卷）、《春秋穀梁疏》（十二卷殘存七卷），日本保存了《尚書正義》、《毛詩正義》、《禮記正義》（七十卷殘存八卷）、《周禮疏》（日本傳抄本）、《春秋公羊疏》（日本傳抄本）、《春秋正義》（日本傳抄本）。南宋兩浙東路茶鹽司刻八行本，我國保存下來的有《周禮疏》、《禮記正義》、《春秋左傳正義》（紹興府刻）、《論語注疏解經》（二十卷殘存十卷）、《孟子注疏解經》（存臺北『故宫』），日本保存有《周易注疏》《尚書正義》（凡兩部，其中一部被清楊守敬購歸）。南宋福建刻十行本，我國僅存《春秋穀梁注疏》、《春秋左傳注疏》（六十卷，一半在大陸，一半在臺灣），日本保存有《毛詩注疏》《春秋左傳注疏》。從這些情況可以看出，經書代表性的早期注釋和早期版本國内失傳嚴重，有的僅保存在東鄰日本。

鑒於這樣的現實，一百多年來我國學術界、出版界努力搜集影印了多種珍貴版本，但是在系統性、全面性和準確性方面都還存在一定的差距。例如唐代開成石經共十二部經典，石碑在明代嘉靖年間地震中受到損害，明代萬曆初年西安府學等學校師生曾把損失的文字補刻在另外的小石上，立於唐碑之旁。近年影印出版唐石經拓本多次，都是以唐代石刻與明代補刻割裂配補的裱本爲底本。由於明代補刻采用的是唐碑的字形，這種配補本難以區分唐刻與明代補刻，不便使用，亟需單獨影印唐碑拓本。

爲把幸存於世的、具有代表性的早期經解成果以及早期經典文本收集起來，系統地影印出版，我們規劃了《儒典》編纂出版項目。

《儒典》出版後受到文化學術界廣泛關注和好評，爲了滿足廣大讀者的需求，現陸續出版平裝單行本。共收録一百十一種元典，共計三百九十七册，收録底本大體可分爲八個系列：經注本（以開成石經、宋刊本爲主。開成石經僅有經文，無注，但它是用經注本删去注文形成的）、經注附釋文本、纂圖互注本、單疏本、八行本、十行本、宋元人經注系列、明清人經注系列。

《儒典》是王志民、杜澤遜先生主編的。本次出版單行本，特請杜澤遜、李振聚、徐泳先生幫助酌定選目。特此説明。

二〇二四年二月二十八日

目録

五福五代堂寶

八徵耄念之寶

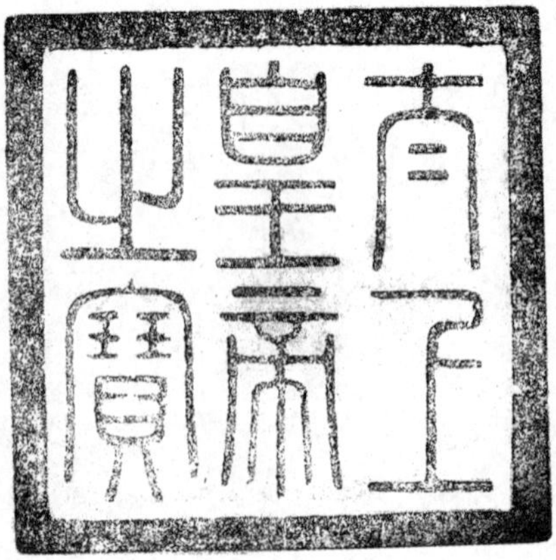
太上皇帝之寶

周易上經乾傳第一

王弼注

䷀乾下乾上 乾元亨利貞初九潛龍勿用文言備矣九二見龍在田利見大人出潛離隱故曰見龍處於地上故曰在田德施周普居中不偏雖非君位君之德也初則不彰三則乾乾四則或躍上則過亢利見大人唯二五焉九三君子終日乾乾夕惕若厲无咎處下體之極居上體之下在不中之位履重剛之險上不在天未可以安其尊也下不在田未可以寧其居也純脩下道則居上之德廢純脩上道則處下之禮曠故終日乾乾至于夕惕猶若厲也居上不驕在下不憂因時而惕不失其幾雖危而勞可以无咎處下卦之極愈於上九之亢故竭知力而後免於咎也乾三以處下卦之上故免亢龍之悔坤三以處下卦之上故免龍戰之災九四或躍在淵无咎去下體之極居上體之下乾道革之時也上不在天下不在田中不在人履重剛之險而无定位所處斯誠進退无常之時也近乎尊位欲進其道迫乎在下非躍所及欲靜其居居非所安持疑猶豫未敢決志用心存公進不在私疑以為慮不謬於果故无咎也九五飛龍在天利見大人不行不躍而在乎天非飛如何故曰飛龍也龍德在天則大人之路亨也夫位以德興德以位叙以至德而處盛位萬物之覩不亦宜乎上九亢龍

有悔用九見羣龍无首吉九天之德也能用天德乃見羣龍之義焉夫以剛健而居人之首則物之所不與也以柔順而為不正則佞邪之道也故乾吉在无首坤利在永貞彖曰大哉乾元萬物資始乃統天雲行雨施品物流形大明終始六位時成時乘六龍以御天乾道變化各正性命天也者形之名也健也者用形者也夫形也者物之累也有天之形而能永保无虧為物之首統之者豈非至健哉大明乎終始之道故六位不失其時而成升降无常隨時而用處則乘潛龍出則乘飛龍故曰時乘六龍也乘變化而御大器靜專動直不失大和豈非正性命之情者邪保合大和乃利貞不和而剛暴首出庶物萬國咸寧萬國所以寧各以有君也象曰天行健君子以自強不息潛龍勿用陽在下也見龍在田德施普也終日乾乾反復道也以上言之則不驕以下言之則不憂反復皆合道也或躍在淵進无咎也飛龍在天大人造也亢龍有悔盈不可久也用九天德不可為首也文言曰元者善之長也亨者嘉之會也利者義之和也貞者事之幹也君子體仁足以長人嘉會足以合禮利物足以和義貞

固足以幹事君子行此四德者故曰乾元亨利貞初九曰潛龍勿用何謂也子曰龍德而隱者也不易乎世（不爲世俗所移易也）不成乎名遯世无悶不見是而无悶樂則行之憂則違之確乎其不可拔潛龍也九二曰見龍在田利見大人何謂也子曰龍德而正中者也庸言之信庸行之謹閑邪存其誠善世而不伐德博而化易曰見龍在田利見大人君德也九三曰君子終日乾乾夕惕若厲无咎何謂也子曰君子進德脩業忠信所以進德也脩辭立其誠所以居業也知至至之可與幾也知終終之可與存義也（處一體之極是至也居一卦之盡是終也處事之至而不犯咎知至者也故可與成務矣處終而能全其終知終者也夫進物之速者義不若利存物之終者利不及義故靡不有初鮮克有終夫可與存義者其唯知終者乎）是故居上位而不驕在下位而不憂（居下體之上在上體之下明夫終敝故不驕也知夫至至故不憂也）故乾乾因其時而惕雖危无咎矣（惕怵惕之謂也處事之極失時則廢懈怠則曠故因其時而惕）

而惕雖危无咎九四曰或躍在淵无咎何謂也子曰上下无常非爲邪也進退无恒非離羣也君子進德脩業欲及時也故无咎九五曰飛龍在天利見大人何謂也子曰同聲相應同氣相求水流濕火就燥雲從龍風從虎聖人作而萬物覩本乎天者親上本乎地者親下則各從其類也上九曰亢龍有悔何謂也子曰貴而无位高而无民下无陰也賢人在下位而无輔賢人雖在下而當位不爲之助是以動而有悔也處上卦之極而不當位故盡陳其闕也獨立而動物莫之與矣乾文言首不論乾而先說元下乃曰乾何也夫乾者統行四事者也君子以自強不息行此四者故首不論乾而下曰乾元亨利貞餘爻皆說龍至於九三獨以君子爲目何也夫易者象也象之所生生於義也有斯義然後明之以其物故以龍敘乾以馬明坤隨其事義而取象焉是故初九九二龍德皆應其義故可論龍以明之也至於九三乾乾夕惕非龍德也明以君子當其象矣統而舉之乾體皆龍別而敘之各隨其義潛龍勿用下也見龍在田時舍也終日乾乾行事也或躍在淵自試也飛龍在天上治也亢龍有悔窮之災也乾元

用九天下治也此一章全以人事明之也九陽也陽剛直之物也夫能全用剛直放遠善柔非天下至理未之能也故乾元用九則天下治也夫識物之動則其所以然之理皆可知也龍之爲德不爲妄者也潛而勿用何乎必窮處於下也見而在田必以時之通舍也以爻爲人以位爲時人不妄動則時皆可知也文王明夷則主可知矣仲尼旅人則國可知矣

潛龍勿用陽氣潛藏見龍在田天下文明終日乾乾與時偕行與天時俱不息或躍在淵乾道乃革飛龍在天乃位乎天德亢龍有悔與時偕極與時運俱終極乾元用九乃見天則此一章全說天氣以明之也九剛直之物唯乾體能用之用純剛以觀天天則可見矣

乾元者始而亨者也利貞者性情也不爲乾元何能通物之始不性其情何能久行其正是故始而亨者必乾元也利而正者必性情也乾始能以美利利天下不言所利大矣哉大哉乾乎剛健中正純粹精也六爻發揮旁通情也時乘六龍以御天也雲行雨施天下平也君子以成德爲行日可見之行也潛之爲言也隱而未見行而未成是以君子弗用也君子學以聚之問以辯之以君德而處下體資納於物者也寬

以居之仁以行之易曰見龍在田利見大人君德也九三重剛而不中上不在天下不在田故乾乾因其時而惕雖危无咎矣九四重剛而不中上不在天下不在田中不在人故或之或之者疑之也故无咎夫大人者與天地合其德與日月合其明與四時合其序與鬼神合其吉凶先天而天弗違後天而奉天時天且弗違而況於人乎況於鬼神乎亢之爲言也知進而不知退知存而不知亡知得而不知喪其唯聖人乎知進退存亡而不失其正者其唯聖人乎

䷁ 坤下坤上 坤元亨利牝馬之貞（坤貞之所利利於牝馬也馬在下而行者也而又牝焉順之至也至順而後乃亨故唯利於牝馬之貞）君子有攸往先迷後得主利西南得朋東北喪朋安貞吉（西南致養之地與坤同道者也故曰得朋東北反西南者也故曰喪朋陰之爲物必離其黨之於反類而後獲安貞吉）彖曰至哉坤元萬物資生乃順承天坤厚載物德合

无疆含弘光大品物咸亨牝馬地類行地无疆地之所以得无疆者以卑順行之故也乾以龍御天坤以馬行地柔順利貞君子攸行先迷失道後順得常西南得朋乃與類行東北喪朋乃終有慶安貞之吉應地无疆地也者形之名也坤也者用地者也夫兩雄必爭二主必危有地之形與剛健爲耦而能永保无疆用之者不亦至順乎若夫行之不以牝馬利之不以永貞方而又剛柔而又圓求安難矣象曰地勢坤地形不順其勢君子以厚德載物初六履霜堅冰至始於履霜至于堅冰所謂至柔而動也剛陰之爲道本於至弱而後積著者也故取履霜以明其始陽之爲物非基於始而至於著者也故以出處明之則以初爲潛象曰履霜堅冰陰始凝也馴致其道至堅冰也六二直方大不習无不利居中得正極於地質任其自然而物自生不假脩營而功自成故不習焉而无不利象曰六二之動直以方也動而直方任其質也不習无不利地道光也六三含章可貞或從王事无成有終三處下卦之極而不疑於陽應斯義者也不爲事始須唱乃應待命乃發含美而可正者也故曰含章可貞也有事則從不敢爲首故曰或從王事也不爲事主順命而終故曰无成有終也象曰含章可貞以時發也

或從王事知光大也知慮光大故不擅其美六四括囊无咎无譽處陰之卦以陰居陰履非中位无直方之質不造陽事无含章之美括結否閉賢人乃隱施慎則可非泰之道象曰括囊无咎慎不害也六五黃裳元吉黃中之色也裳下之飾也坤爲臣道美盡於下夫體无剛健而能極物之情通理者也以柔順之德處於盛位任夫文理者也垂黃裳以獲元吉非用武者也極陰之盛不至疑陽以文在中美之至也象曰黃裳元吉文在中也用黃裳而獲元吉以文在中也上六龍戰于野其血玄黃陰之爲道卑順不盈乃全其美盛而不已固陽之地陽所不堪故戰于野象曰龍戰其道窮也用六利永貞用六之利利永貞也象曰用六永貞以大終也能以永貞大終者也

文言曰坤至柔而動也剛至靜而德方動之方正不爲邪也柔而又圓消之道也其德至靜德必方也後得主而有常含萬物而化光坤道其順乎承天而時行積善之家必有餘慶積不善之家必有餘殃臣弒其君子弒其父非一朝一夕之故其所由來者漸矣由辯之不早辯也易曰履霜堅冰至蓋言順也直其正也方其義也君子敬以直

内義以方外敬義立而德不孤直方大不習无不利則不疑其所行也陰雖有美含之以從王事弗敢成也地道也妻道也臣道也地道无成而代有終也天地變化草木蕃天地閉賢人隱易曰括囊无咎无譽蓋言謹也君子黄中通理正位居體美在其中而暢於四支發於事業美之至也陰疑於陽必戰辯之不早疑盛乃動故必戰爲其嫌於无陽也爲其嫌於非陽而戰故稱龍焉猶未離其類也猶未失其陰類爲陽所滅故稱血焉猶與陽戰而相傷故稱血夫玄黄者天地之雜也天玄而地黄

䷂震下坎上屯元亨利貞剛柔始交是以屯也不交則否故屯乃大亨也大亨則无險故利貞勿用有攸往往益屯也利建侯得主則定彖曰屯剛柔始交而難生動乎險中大亨貞始於險難至於大亨而後全正故曰屯元亨利貞雷雨之動滿盈雷雨之動乃得滿盈皆剛柔始交之所爲天造草昧宜建侯而不寧屯體不寧故利建侯也屯者天地造始之時也造物之始始於冥昧故曰草昧也處造始之時所宜之善莫善於建侯也象曰雲雷屯君子以經綸君子經綸之時

初九磐桓利居貞利建侯處屯之初動則難生不可以進故磐桓也處此時也其利安在不唯居貞建侯乎夫息亂以靜守靜以侯安民在正弘正在謙屯難之世陰求於陽弱求於強民思其主之時也初處其首而又下焉爻備斯義宜其得民也象曰雖磐桓志行正也不可以進故磐桓也非爲宴安棄成務也故雖磐桓志行正也以貴下賤大得民也陽貴而陰賤也六二屯如邅如乘馬班如匪寇婚媾女子貞不字十年乃字志在乎五不從於初屯難之時正道未行與初相近而不相得困於侵害故屯邅也時方屯難正道未通涉遠而行難可以進故曰乘馬班如也寇謂初也无初之難則與五婚矣故曰匪寇婚媾也志在於五不從於初故曰女子貞不字也屯難之世勢不過十年者也十年則反常反常則本志斯獲矣故曰十年乃字象曰六二之難乘剛也十年乃字反常也六三即鹿无虞惟入于林中君子幾不如舍往吝三既近五而无寇難四雖比五其志在初不妨己路可以進而无屯邅也見路之易不揆其志五應在二往必不納何異无虞以從禽乎雖見其禽而无其虞徒入于林中其可獲乎幾辭也夫君子之動豈取恨辱哉故不如舍往吝窮也象曰即鹿无虞以從禽也君子舍之往吝窮也六四乘馬班如求婚媾往吉无不利二雖比初執貞不從不害己志者也求與

合好往必見納矣故曰往吉无不利象曰求而往明也見彼之情狀也九五屯其膏小貞吉大貞凶處屯難之時居尊位之上不能恢弘博施无物不與拯濟微滯亨于羣小而繫應在二屯難其膏非能光其施者也固志同好不容他間小貞之吉大貞之凶象曰屯其膏施未光也上六乘馬班如泣血漣如處險難之極下无應援進无所適雖比於五五屯其膏不與相得居不獲安行无所適窮困闉厄无所委仰故泣血漣如象曰泣血漣如何可長也

䷃坎下艮上蒙亨匪我求童蒙童蒙求我初筮告再三瀆瀆則不告筮者決疑之物也童蒙之來求我欲決所惑也決之不一不知所從則復惑也故初筮則告再三則瀆瀆蒙也能爲初筮其唯二乎以剛處中能斷夫疑者也利貞蒙之所利乃利正也夫明莫若聖昧莫若蒙蒙以養正乃聖功也然則養正以明失其道矣彖曰蒙山下有險險而止蒙退則困險進則閡山不知所適蒙之義也蒙亨以亨行時中也時之所願唯願亨也以亨行之得時中也匪我求童蒙童蒙求我志應也我謂非童蒙者也非童蒙者即陽也凡不識者求問識者識者不求所告闇者求明明者不諮於闇故蒙之爲義匪我求童蒙童蒙求我也童蒙之來求我志應故也初筮告以剛中也謂二也二爲衆陰之主也无剛決中何由

得初筮之告乎再三瀆瀆則不告瀆蒙也蒙以養正聖功也象曰山下出泉蒙山下出泉未知所適蒙之象也君子以果行育德果行者初筮之義也育德者養正之功也

初六發蒙利用刑人用說桎梏以往吝處蒙之初二照其上故蒙發也蒙發疑明刑說當也以往吝刑不可長也象曰利用刑人以正法也刑人之道道所惡也以正法制故刑人也

九二包蒙吉納婦吉子克家以剛居中童蒙所歸包而不距則遠近咸至故曰包蒙吉也婦者配己而成德者也體陽而能包蒙以剛而能居中以此納配物莫不應故納婦吉也處于卦內以剛接柔親而得中能幹其任施之於子克家之義象曰子克家剛柔接也

六三勿用取女見金夫不有躬无攸利童蒙之時陰求於陽晦求於明各求發其昧者也六三在下卦之上上九在上卦之上男女之義也上不求三而三求上女先求男者也女之為體正行以待命者也見剛夫而求之故曰不有躬也施之於女行在不順故勿用取女而無攸利象曰勿用取女行不順也

六四困蒙吝獨遠於陽處兩陰之中闇莫之發故曰困蒙也困於蒙昧不能比賢以發其志亦以鄙矣故曰吝也象曰困蒙之吝獨遠實也陽稱實也

六五童蒙吉以夫陰質居於尊位不自任察而委於二付物以能不勞聰明功斯克矣故曰童蒙吉象曰童蒙

之吉順以巽也委物以能不先不爲順以巽也上九擊蒙不利爲寇利禦寇處蒙之終以剛居上能擊去童蒙以發其昧者也故曰擊蒙也童蒙願發而已能擊去之合上下之願故莫不順也爲之扞禦則物咸附之若欲取之則物咸叛矣故不利爲寇利禦寇也象曰利用禦寇上下順也

☰☵乾下坎上需有孚光亨貞吉利涉大川彖曰需須也險在前也剛健而不陷其義不困窮矣需有孚光亨貞吉位乎天位以正中也謂五也位乎天位用其中正以此待物需道畢矣故光亨貞吉利涉大川往有功也乾德獲進往輒亨也象曰雲上於天需君子以飲食宴樂童蒙已發盛德光亨飲食宴樂其在茲乎初九需于郊利用恒无咎居需之時最遠於難能抑其進以遠險待時雖不應幾可以保常也象曰需于郊不犯難行也利用恒无咎未失常也九二需于沙小有言終吉轉近於難故曰需于沙也不至致寇故曰小有言也近不逼難遠不後時履健居中以待其會雖小有言以吉終也象曰需于沙衍在中也雖小有言以吉終也九三需于泥致寇至以剛逼難欲進其道所以招寇而致敵也猶有須焉不陷其剛寇之來也自我所招敬慎防備可以不敗象曰

需于泥災在外也自我致寇敬慎不敗也六四需于血出自穴凡稱血者陰陽相傷者也陰陽相近而不相得陽欲進而陰塞之則相害也穴者陰之路也處坎之始居穴者也九三剛進四不能距見侵則辟順以聽命者也故曰需于血出自穴也象曰需于血順以聽也九五需于酒食貞吉需之所須以待達也已得天位暢其中正无所復須故酒食而已獲貞吉也象曰酒食貞吉以中正也上六入于穴有不速之客三人來敬之終吉六四所以出自穴者以不與三相得而塞其路不辟則害故不得不出自穴而辟之也至於上六處卦之終非塞路者也與三爲應三來之己乃爲己援故无畏害之辟而乃有入穴之固也三陽所以不敢進者須難之終也難終則至不待召也已居難終故自來也處无位之地以一陰而爲三陽之主故必敬之而後終吉象曰不速之客來敬之終吉雖不當位未大失也處无位之地不當位者也敬之則得終吉故雖不當位未大失也

䷅坎下乾上訟有孚窒惕中吉窒謂窒塞也皆惕然後可以獲中吉終凶利見大人不利涉大川彖曰訟上剛下險險而健訟訟有孚窒惕中吉剛來而得中也終凶訟不可成也利見大人尚中正也不利涉大川

入于淵也凡不和而訟无施而可涉難特甚焉唯有信而見塞懼者乃可以得吉也猶復不可終中乃吉也不閉其源使訟不至雖每不枉而訟至終竟此亦凶矣故雖復有信而見塞懼猶不可以爲終也故曰訟有孚窒惕中吉終凶也无善聽者雖有其實何由得明而令有信塞懼者得其中吉必有善聽之主焉其在二乎以剛而來正夫羣小斷不失中應斯任也

象曰天與水違行訟君子以作事謀始聽訟吾猶人也必也使无訟乎无訟在於謀始謀始在於作制契之不明訟之所以生也物有其分職不相濫爭何由興訟之所以起契之過也故有德司契而不責於人

初六不永所事小有言終吉處訟之始訟不可終故不永所事然後乃吉凡陽唱而陰和陰非先唱者也四召而應見犯乃訟處訟之始不爲訟先雖不能不訟而了訟必辯明也

象曰不永所事訟不可長也雖小有言其辯明也

九二不克訟歸而逋其邑人三百户无眚以剛處訟不能下物自下訟上宜其不克若能以懼歸竄其邑乃可以免災邑過三百非爲竄也竄而據强災未免也

象曰不克訟歸逋竄也自下訟上患至掇也

六三食舊德貞厲終吉或從王事无成體夫柔弱以順於上不爲九二自下訟上不見侵奪保全其有故得食其舊德而不失也居爭訟之時處兩剛之間而皆近不相得故曰貞厲柔體不爭繫應在上衆莫能傾故曰終吉上壯爭勝難可

件也故或從王事不敢成也
象曰食舊德從上吉也九四不克訟
初辯明也
復即命渝安貞吉
處上訟下可以改變者也故其咎不大若能反從本理變前之命安貞不犯不失其道爲仁由己故吉從之
象曰復即命渝安貞不失也九二訟元吉
處得尊位爲訟之主用其中正以斷枉直中則不過正則不邪剛无所溺公无所偏故訟元吉
象曰訟元吉以中正也上九或錫之鞶帶終朝三褫之
處訟之極以剛居上訟而得勝者也以訟受錫榮何可保故終朝之閒褫帶者三也
象曰以訟受服亦不足敬也

䷆ 坎下坤上 師貞丈人吉无咎
丈人嚴莊之稱也爲師之正丈人乃吉也興役動衆无功罪也故吉乃无咎也
彖曰師衆也貞正也能以衆正可以王矣剛中而應行險而順以此毒天下而民從之吉又何咎矣
毒猶役也
象曰地中有水師君子以容民畜衆初六師出以律否臧凶
爲師之始齊師者也齊衆以律失律則散故師出以律律不可失失律而臧何異於否失令有功法所不赦故師出不以律否臧皆凶
象曰師出以律失律凶也九二在師中吉无咎王三錫命
以剛居中而應於上在師而得其中者也

承上之寵爲師之主任大役重无功則凶故吉乃无咎也行師得吉莫善懷邦邦懷衆服錫莫重焉故乃得成命象曰在師中吉承天寵也王三錫命懷萬邦也六三師或輿尸凶以陰處陽以柔乘剛進則无應退无所守以此用師宜獲輿尸之凶象曰師或輿尸大无功也六四師左次无咎得位而无應无應不可以行得位則可以處故左次之而无咎也行師之法欲右背高故左次之象曰左次无咎未失常也雖不能有獲足以不失其常也六五田有禽利執言无咎長子帥師弟子輿尸貞凶處師之時柔得尊位陰不先唱柔不犯物犯而後應往必得直故田有禽也物先犯己故可以執言而无咎也柔非軍帥陰非剛武故不躬行必以授也授不得主則衆不從故長子帥師可也弟子之凶固其宜也象曰長子帥師以中行也弟子輿尸使不當也上六大君有命開國承家小人勿用處師之極師之終也大君之命不失功也開國承家以寧邦也小人勿用非其道也象曰大君有命以正功也小人勿用必亂邦也

䷇坤下坎上比吉原筮元永貞无咎不寧方來後夫凶彖曰比吉也比輔也下順從也原筮元永貞无咎以剛中也處比之時將原筮以求无咎其

唯元永貞乎夫羣黨相比而不以元永貞則凶邪之道也若不遇其主則雖永貞而猶未足免於咎也使永貞而无咎者其唯九五乎

不寧方來上下應也上下无陽以分其民五獨處尊莫不歸之上下應之既親且安安則不安者託焉故不寧方所以來上下應故也夫无者求有有者不求所與危者求安安者不求所保火有其炎寒者附之故已苟安焉則不寧方來矣

後夫凶其道窮也將合和親而獨在後親成則誅是以凶也

象曰地上有水比先王以建萬國親諸侯萬國以比建諸侯以比親

初六有孚比之无咎有孚盈缶終來有它吉處比之始爲比之首者也夫以不信爲比之首則禍莫大焉故必有孚盈缶然後乃得免比之咎故曰有孚比之无咎也處比之首應不在一心无私吝則莫不比之著信立誠盈溢乎質素之器則物終來无衰竭也親乎天下著信盈缶應者豈一道而來故必有他吉也

象曰比之初六有他吉也

六二比之自內貞吉處比之時居中得位而繫應在五不能來他故得其自內貞吉而已

象曰比之自內不自失也

六三比之匪人四自外比二爲五貞近不相得遠則无應所與比者皆非已親故曰比之匪人

象曰比之匪人不亦傷乎

六四外比之貞吉外比於五履得其位比不失賢處不失位故貞吉也

象曰外比於賢以從上也

九五顯比王用三驅失

前禽邑人不誠吉爲比之主而有應在二顯比者也比而顯之則所親者狹矣夫无私於物唯賢是與則去之與來皆无失也夫三驅之禮禽逆來趣已則舍之背已而走則射之愛於來而惡於去也故其所施常失前禽也以顯比而居王位用三驅之道者也故曰王用三驅失前禽也用其中正征討有常伐不加邑動必討叛邑人无虞故不誠也雖不得乎大人之吉是顯比之吉也此可以爲上之使非爲上之道象曰顯比之吉位正中也舍逆取順失前禽也邑人不誠上使中也上六比之无首凶无首後也處卦之終是後夫也親道已成无所與終爲時所棄宜其凶也象曰比之无首无所終也

䷈乾下巽上小畜亨不能畜大止健剛志故行是以亨密雲不雨自我西郊彖曰小畜柔得位而上下應之曰小畜謂六四也成卦之義在此爻也體无二陰以分其應故上下應之也既得其位而上下應之三不能陵小畜之義健而巽剛中而志行乃亨密雲不雨尚往也自我西郊施未行也小畜之勢足作密雲乃自我西郊未足以爲雨也何由知未能爲雨夫能爲雨者陽上薄陰陰能固之然後烝而爲雨今不能制初九之復道固九二之牽復九三更以不能復爲劣也下方尚往施豈得行故密雲而不能爲雨尚往故也何以明之夫陰能固之然後乃雨乎上九獨能固九三之路故九三不可以進而輿

說輻也能固其路而安於上故得既雨既處若四五皆能若上九之善畜則能雨明矣故舉一卦而論之能為小畜密雲而已
陰苟不足以固陽則雖復至盛密雲自我西郊故不能雨也雨之未下即施之未行也彖全論一卦之體故曰密雲不雨象各
言一爻之德故曰既雨既處也象曰風行天上小畜君子以懿文德未能行其施者故可
以懿文德而已初九復自道何其咎吉處乾之始以升巽初四為已應不距已者也以陽升陰復自其
道順而无違何所犯咎得義之吉象曰復自道其義吉也九二牽復吉處乾之中以升
巽五五非畜極非固己者也雖不能若陰之不違可牽以獲復是以吉也象曰牽復在中亦不自失
也九三輿說輻夫妻反目上為畜盛不可牽征以斯而進故必說輻也已為陽極上為陰長畜於陰
長不能自復方之夫妻反目之義也象曰夫妻反目不能正室也六四有孚血去
惕出无咎夫言血者陽犯陰也四乘於三近不相得三務於進而已隔之將懼侵克者也上亦惡三而能制焉志與
上合共同斯誠三雖逼已而不能犯故得血去懼除保无咎也象曰有孚惕出上合志也九五
有孚攣如富以其鄰處得尊位不疑於二來而不距二牽已攣不為專固有孚攣如之謂也以陽居陽處
實者也居盛處實而不專固富以其鄰者也象曰有孚攣如不獨富也上九既雨既

處尚德載婦貞厲月幾望君子征凶處小畜之極能畜者也陽不獲亨故既雨也剛不能侵故既處也體巽處上剛不敢犯尚德者也爲陰之長能畜剛健德積載者也婦制其夫臣制其君雖貞近危故曰婦貞厲也陰之盈盛莫盛於此故曰月幾望也滿而又進必失其道陰疑於陽必見戰伐雖復君子以征必凶故曰君子征凶象曰既雨既處德積載也君子征凶有所疑也夫處下可以征而无咎者唯泰也則然坤本體下又順而弱不能敵剛故可以全其類征而吉也自此以往則其進各有難矣夫巽雖不能若艮之善畜猶不肯爲坤之順從也故可得少進不可盡陵也是以初九九二其復則可至於九三則輿說輻也夫大畜者畜之極也畜而不已畜極則通是以其畜之盛在於四五至于上九道乃大行小畜積極而後乃能畜是以四五可以進而上九說征之輻

䷉兌下乾上履虎尾不咥人亨彖曰履柔履剛也說而應乎乾是以履虎尾不咥人亨凡彖者言乎一卦之所以爲主也成卦之體在六三也履虎尾者言其危也三爲履主以柔履剛履危者也履虎尾而不見咥者以其說而應乎乾也乾剛正之德者也不以說行夫佞邪而以說應乎乾宜其履虎尾不見咥而亨剛中正履帝位而不疚光明也言五之德象曰上天下澤履君子以辯上下定民志初九素履往无咎處履之初爲履之始履道惡華故素乃无

咎處履以素何往不從必獨行其願物无犯也象曰素履之往獨行願也九二履道坦坦幽人貞吉履道尚謙不喜處盈務在致誠惡夫外飾者也而二以陽處陰履於謙也居內履中隱顯同也履道之美於斯爲盛故履道坦坦无險戹也在幽而貞宜其吉象曰幽人貞吉中不自亂也六三眇能視跛能履履虎尾咥人凶武人爲于大君居履之時以陽處陽猶曰不謙而況以陰居陽以柔乘剛者乎故以此爲明眇目者也以此爲行跛足者也以此履危見咥者也志在剛健不脩所履欲以陵武於人爲于大君行未能免於凶而志存于五頑之甚也象曰眇能視不足以有明也跛能履不足以與行也咥人之凶位不當也武人爲于大君志剛也九四履虎尾愬愬終吉逼近至尊以陽承陽處多懼之地故曰履虎尾愬愬也然以陽居陰以謙爲本雖處危懼終獲其志故終吉也象曰愬愬終吉志行也九五夬履貞厲得位處尊以剛決正故曰夬履貞厲也履道惡盈而五處實是以危象曰夬履貞厲位正當也上九視履考祥其旋元吉禍福之祥生乎所履處履之極履道成矣故可視履而考祥也居極應說高而不危是其旋也履道大成故元吉也象曰元吉在上大有慶也

周易卷第一

周易上經泰傳第二

王弼注

䷊乾下坤上泰小往大來吉亨彖曰泰小往大來吉亨則是天地交而萬物通也上下交而其志同也内陽而外陰内健而外順内君子而外小人君子道長小人道消也象曰天地交泰后以財成天地之道輔相天地之宜以左右民泰者物大通之時也上下大通則物失其節故財成而輔相以左右民也初九拔茅茹以其彙征吉茅之爲物拔其根而相牽引者也茹相牽引之貌也三陽同志俱志在外初爲類首已舉則從若茅茹也上順而應不爲違距進皆得志故以其類征吉象曰拔茅征吉志在外也九二包荒用馮河不遐遺朋亡得尚于中行體健居中而用乎泰能包含荒穢受納馮河者也用心弘大无所遐棄故曰不遐遺也无私无偏存乎光大故曰朋亡也如此乃可以得尚于中行尚猶配也中行謂五象曰包荒得尚于中行以光大也九三无平不陂无往不復艱貞无咎勿恤其孚于食有福乾本上也坤本下也而得泰者

降與升也而三處天地之際將復其所處復其所處則上守其尊下守其卑是故无往而不復也无平而不陂也處天地之將閉平路之將陂時將大變世將大革而居不失其正動不失其應艱而能貞不失其義故无咎也信義誠著故不恤其孚而自明也故曰勿恤其孚于食有福也象曰无往不復天地際也天地將各分復之際六四翩翩不富以其鄰不戒以孚乾樂上復坤樂下復四處坤首不固所居見命則退故曰翩翩也坤爻皆樂下已退則從故不待富而用其鄰也莫不與已同其志願故不待戒而自孚也象曰翩翩不富皆失實也不戒以孚中心願也六五帝乙歸妹以祉元吉婦人謂嫁曰歸泰者陰陽交通之時也女處尊位履中居順降身應二感以相與用中行願不失其禮帝乙歸妹誠合斯義履順居中行願以祉盡夫陰陽交配之宜故元吉也象曰以祉元吉中以行願也上六城復于隍勿用師自邑告命貞吝居泰上極各反所應泰道將滅上下不交卑不上承尊不下施是故城復于隍卑道崩也勿用師不煩攻也自邑告命貞吝否道已成命不行也象曰城復于隍其命亂也

䷋坤下乾上否之匪人不利君子貞大往小來彖曰否之匪人不利君子貞大往小來則是天地不交而萬物不通也上下不交而

天下无邦也内陰而外陽内柔而外剛内小人而外君子小人道長君子道消也象曰天地不交否君子以儉德辟難不可榮以禄初六拔茅茹以其彙貞吉亨居否之初處順之始爲類之首者也順非健也何可以征居否之時動則入邪三陰同道皆不可進故拔茅茹以類貞而不諂則吉亨象曰拔茅貞吉志在君也志在於君故不苟進六二包承小人吉大人否亨居否之世而得其位用其至順包承於上小人路通内柔外剛大人否之其道乃亨象曰大人否亨不亂羣也六三包羞俱用小道以承其上而位不當所以包羞也象曰包羞位不當也九四有命无咎疇離祉夫處否而不可以有命者以所應者小人也有命於小人則消君子之道者也今初志在君處乎窮下故可以有命无咎而疇麗福也疇謂初也象曰有命无咎志行也九五休否大人吉其亡其亡繫于苞桑居尊當位能休否道者也施否於小人否之休也唯大人而後能然故曰大人吉也處君子道消之時已居尊位何可以安故心存將危乃得固也象曰大人之吉位正當也上九傾否先否後喜先傾後通故後喜也始以傾爲否後得通乃喜象曰否終則傾何可長也

䷌離下乾上同人于野亨利涉大川利君子貞彖曰同人柔得位得中而應乎乾曰同人二爲同人之主同人曰同人于野亨利涉大川乾行也所以乃能同人于野亨利涉大川非二之所能也是乾之所行故特曰同人曰文明以健中正而應君子正也行健不以武而以文明用之相應不以邪而以中正應之君子正也故曰利君子貞唯君子爲能通天下之志君子以文明爲德象曰天與火同人天體於上而火炎上同人之義也君子以類族辨物君子小人各得所同初九同人于門无咎居同人之始爲同人之首者也无應於上心无係吝通夫大同出門皆同故曰同人于門也出門同人誰與爲咎象曰出門同人又誰咎也六二同人于宗吝應在乎五唯同於主過主則吝用心褊狹鄙吝之道象曰同人于宗吝道也九三伏戎于莽升其高陵三歲不興同居人之際履下卦之極不能包弘上下通夫大同物黨相分欲乖其道貪於所比據上之應其敵剛健非力所當故伏戎于莽不敢顯亢也升其高陵望不敢進量斯勢也三歲不能興者也三歲不能興則五道亦以成矣安所行焉象曰伏戎于莽敵剛也三歲不興安行也安辭也九四乘其墉弗克攻吉處上攻下力能乘墉者也

履非其位以與人爭二自五應三非犯已攻三求二尤而效之違義傷理衆所不與故雖乘墉而不克也不克則反反則得吉也不克乃反其所以得吉困而反則者也象曰乘其墉義弗克也其吉則困而反則也九五同人先號咷而後笑大師克相遇彖曰柔得位得中而應乎乾曰同人然則體柔居中衆之所與執剛用直衆所未從故近隔乎二剛未獲厥志是以先號咷也居中處尊戰必克勝故後笑也不能使物自歸而用其強直故必須大師克之然後相遇也象曰同人之先以中直也大師相遇言相克也上九同人于郊无悔郊者外之極也處同人之時最在於外不獲同志而遠於內爭故雖无悔吝亦未得其志象曰同人于郊志未得也凡處同人而不泰焉則必用師矣不能大通則各私其黨而求利焉楚人亡弓不能亡楚愛國愈甚益爲他災是以同人不弘剛健之爻皆至用師也

䷍乾下離上大有元亨不大通何由得大有乎大有則必元亨矣彖曰大有柔得尊位大中而上下應之曰大有處尊以柔居中以大體无二陰以分其應上下應之靡所不納大有之義也其德剛健而文明應乎天而時行是以元亨德應於天則行不失時矣剛健不滯文明不犯應天則大時行无違是以元亨象曰火在天上大有君子以遏惡揚善順

天休命大有包容之象也故遏惡揚善成物之美順夫天德休物之命初九无交害匪咎艱則无咎以夫剛健爲大有之始不能履中滿而不溢術斯以往後害必至其欲匪咎艱則无咎也象曰大有初九无交害也九二大車以載任重而不危有攸往无咎健不違中爲五所任任重不危致遠不泥故可以往而无咎也象曰大車以載積中不敗也九三公用亨于天子小人弗克處大有之時居下體之極乘剛健之上而履得其位與五同功威權之盛莫此過焉公用斯位乃得通乎天子之道也小人不克害可待也象曰公用亨于天子小人害也九四匪其彭无咎既失其位而上近至尊之威下比分權之臣其爲懼也可謂危矣唯夫有聖知者乃能免斯咎也三雖至盛五不可舍能辯斯數專心承五常匪其旁則无咎矣旁謂三也象曰匪其彭无咎明辯晳也明猶才也六五厥孚交如威如吉居尊以柔處大以中无私於物上下應之信以發志故其孚交如也夫不私於物物亦公焉不疑於物物亦誠焉既公且信何難何備不言而教行何爲而不威如爲大有之主而不以此道吉可得乎象曰厥孚交如信以發志也威如之吉易而无備也上九自天祐之吉无不利大有豐富之世也處大有之上而不累於位志尚乎賢者也餘爻皆乘剛而已獨乘柔順

也五爲信德而曰履焉履信之謂也雖不能體柔而以剛乘柔思順之義也居豐有之世而不以物累其心高尚其志尚賢者也爻有三德盡夫助道故繫辭具焉象曰大有上吉自天祐也

䷎艮下坤上謙亨君子有終彖曰謙亨天道下濟而光明地道卑而上行天道虧盈而益謙地道變盈而流謙鬼神害盈而福謙人道惡盈而好謙謙尊而光卑而不可踰君子之終也象曰地中有山謙君子以裒多益寡稱物平施多者用謙以爲裒少者用謙以爲益隨物而與施不失平也初六謙謙君子用涉大川吉處謙之下謙之謙者也能體謙謙其唯君子用涉大難物无害也象曰謙謙君子卑以自牧也牧養也六二鳴謙貞吉鳴者聲名聞之謂也得位居中謙而正焉象曰鳴謙貞吉中心得也九三勞謙君子有終吉處下體之極履得其位上下无陽以分其民衆陰所宗尊莫先焉居謙之世何可安尊上承下綏勞謙匪解是以吉也象曰勞謙君子萬民服也六四无不利撝謙處三之上而用謙焉則是自上下下之義也承五而用謙順則是上行之道也盡乎奉上下下之道故无不利指撝皆謙不違則也象曰无不利撝謙

不違則也六五不富以其鄰利用侵伐无不利居於尊位用謙與順故能不富而用其鄰也以謙順而侵伐所伐皆驕逆也象曰利用侵伐征不服也上六鳴謙利用行師征邑國最處於外不與內政故有名而已志功未得也處外而履謙順可以征邑國而已象曰鳴謙志未得也可用行師征邑國也夫吉凶悔吝生乎動者也動之所起興於利者也故飲食必有訟訟必有衆起未有居衆人之所惡而爲動者所害處不競之地而爲爭者所奪是以六爻雖有失位无應乘剛而皆无凶咎悔吝者以謙爲主也謙尊而光卑而不可踰信矣哉

䷏坤下震上豫利建侯行師彖曰豫剛應而志行順以動豫豫順以動故天地如之而況建侯行師乎天地以順動故日月不過而四時不忒聖人以順動則刑罰清而民服豫之時義大矣哉象曰雷出地奮豫先王以作樂崇德殷薦之上帝以配祖考初六鳴豫凶處豫之初而特得志於上樂過則淫志窮則凶豫何可鳴象曰初六鳴豫志窮凶也六二介于石不終日貞吉處豫之時得位履中安夫貞正不求苟豫者也順不苟從豫不違中是以

上交不諂下交不瀆明禍福之所生故不苟説辯必然之理故不改其操介如石焉不終日明矣象曰不終日貞吉以中正也六三盱豫悔遲有悔居下體之極處兩卦之際履非其位承動豫之主若其睢盱而豫悔亦生焉遲而不從豫之所疾位非所據而以從豫進退離悔宜其然矣象曰盱豫有悔位不當也九四由豫大有得勿疑朋盍簪處豫之時居動之始獨體陽爻衆陰所從莫不由之以得其豫故曰由豫大有得也夫不信於物物亦疑焉故勿疑則朋合疾也盍合也簪疾也象曰由豫大有得志大行也六五貞疾恒不死四以剛動爲豫之主專權執制非己所乘故不敢與四爭權而又居中處尊未可得亡是以必常至于貞疾恒不死而已象曰六五貞疾乘剛也恒不死中未亡也上六冥豫成有渝无咎處動豫之極極豫盡樂故至于冥豫成也過豫不已何可長乎故必渝變然後无咎象曰冥豫在上何可長也

䷐震下兑上隨元亨利貞无咎彖曰隨剛來而下柔動而説隨大亨貞无咎而天下隨時隨時之義大矣哉震剛而兑柔也以剛下柔動而之説乃得隨也爲隨而不大通逆於時也相隨而不爲利正災之道也故大通利貞乃得无咎也爲隨而令大通利貞得於時也得時則天下

隨之矣。隨之所施唯在於時也時異而不隨否之道也故隨時之義大矣哉

象曰澤中有雷隨君子以嚮晦入宴息澤中有雷動說之象也物皆說隨可以无爲不勞明鑒故君子嚮晦入宴息也

初九官有渝貞吉出門交有功居隨之始上无其應无所偏係動能隨時意无所主者也隨不以欲以欲隨宜者也故官有渝變隨不失正也出門无違何所失哉

象曰官有渝從正吉也出門交有功不失也

六二係小子失丈夫陰之爲物以處隨世不能獨立必有係也居隨之時體於柔弱而以乘夫剛動豈能秉志違於所近隨此失彼弗能兼與五處已上初處已下故曰係小子失丈夫也

象曰係小子弗兼與也

六三係丈夫失小子隨有求得利居貞陰之爲物以處隨世不能獨立必有係也雖體下卦二已據初將何所附故舍初係四志在丈夫四俱无應亦欲於已隨之則得其所求矣故曰隨有求得也應非其正以係於人何可以安故利居貞也初處已下四處已上故曰係丈夫失小子也

象曰係丈夫志舍下也下謂初也

九四隨有獲貞凶有孚在道以明何咎處說之初下據二陰三求係已不距則獲故曰隨有獲也居於臣地履非其位以擅其民失於臣道違正者也故曰貞凶體剛居說而得民心能幹其事而成其功者也雖違常義志在濟物心存公誠著信在道以明其功何咎之有

象曰隨有獲其義凶

也有孚在道明功也九五孚于嘉吉履正居中而處隨世盡隨時之宜得物之誠故嘉吉也象曰孚于嘉吉位正中也上六拘係之乃從維之王用亨于西山隨之爲體陰順陽者也最處上極不從者也隨道已成而特不從故拘係之乃從也率土之濱莫非王臣而爲不從王之所討也故維之王用亨于西山也兑爲西方山者塗之險隔也處西方而爲不從故王用通于西山象曰拘係之上窮也處于上極故窮也

䷑巽下艮上蠱元亨利涉大川先甲三日後甲三日彖曰蠱剛上而柔下上剛可以斷制下柔可以施令巽而止蠱既巽又止不競爭也有事而无競爭之患故可以有爲也蠱元亨而天下治也有爲而大亨非天下治而何也利涉大川往有事也先甲三日後甲三日終則有始天行也蠱者有事而待能之時也可以有爲其在此時矣物已説隨則待夫作制以定其事也進德脩業往則亨矣故元亨利涉大川也甲者創制之令也創制不可責之以舊故先之三日後之三日使令治而後乃誅也因事申令終則復始若天之行用四時也象曰山下有風蠱君子以振民育德蠱者有事而待能之時也故君子以濟民養德也初六幹父之蠱有子考无咎

厲終吉處事之首始見任者也以柔巽之質幹父之事能承先軌堪其任者也故曰有子也任爲事首能堪其事考乃无咎也故曰有子考无咎也當事之首是以危也能堪其事故終吉也象曰幹父之蠱意承考也幹事之首時有損益不可盡承故意承而已九二幹母之蠱不可貞居於內中宜幹母事故曰幹母之蠱也婦人之性難可全正宜屈已剛既幹且順故曰不可貞也幹不失中得中道也象曰幹母之蠱得中道也九三幹父之蠱小有悔无大咎以剛幹事而无其應故有悔也履得其位以正幹父雖小有悔終无大咎象曰幹父之蠱終无咎也六四裕父之蠱往見吝體柔當位幹不以剛而以柔和能裕先事者也然无其應往必不合故曰往見吝象曰裕父之蠱往未得也六五幹父之蠱用譽以柔處尊用中而應承先以斯用譽之道也象曰幹父用譽承以德也以柔處中不任威力也上九不事王侯高尚其事最處事上而不累於位不事王以高尚其事者也象曰不事王侯志可則也

䷒兌下坤上臨元亨利貞至于八月有凶彖曰臨剛浸而長說而順剛中而應大亨以正天之道也陽轉進長陰道日消君子日長小人日憂大亨以正之義至

于八月有凶消不久也八月陽衰而陰長小人道長君子道消也故曰有凶象曰澤上有
地臨君子以教思无窮容保民无疆相臨之道莫若説順也不恃威制得物之誠故物无
違也是以君子教思无窮容保民无疆也初九咸臨貞吉咸感也感應也有應於四感以臨者也四履正位而
已應焉志正行者也以剛感順志行其正以斯臨物正而獲吉也象曰咸臨貞吉志行正也九
二咸臨吉无不利有應在五感以臨者也剛勝則柔危而五體柔非能同斯志者也若順於五則剛德不長
何由得吉无不利乎全與相違則失於感應其德咸臨吉无不利必未順命也象曰咸臨吉无不利未
順命也六三甘臨无攸利既憂之无咎甘者佞邪説媚不正之名也履非其位居剛長
之世而以邪説臨物宜其无攸利也若能盡憂其危改脩其道剛不害正故咎不長象曰甘臨位不當也
既憂之咎不長也六四至臨无咎處順應陽不忌剛長而乃應之履得其位盡其至者也剛
勝則柔危柔不失正則得无咎也象曰至臨无咎位當也六五知臨大君之宜
吉處於尊位履得其中能納剛以禮用建其正不忌剛長而能任之委物以能而不犯焉則聰明者竭其視聽知力者盡其
謀能不爲而成不行而至矣大君之宜如此而已故曰知臨大君之宜吉也象曰大君之宜行中之

謂也上六敦臨吉无咎處坤之極以敦而臨者也志在助賢以敦爲德雖在剛長剛不害厚故无咎也象曰敦臨之吉志在内也

䷓坤下巽上觀盥而不薦有孚顒若王道之可觀者莫盛乎宗廟宗廟之可觀者莫盛於盥也至薦簡略不足復觀故觀盥而不觀薦也孔子曰禘自既灌而往者吾不欲觀之矣盡夫觀盛則下觀而化矣故觀至盥則有孚顒若也彖曰大觀在上下賤而上貴也順而巽中正以觀天下觀盥而不薦有孚顒若下觀而化也觀天之神道而四時不忒聖人以神道設教而天下服矣統説觀之爲道不以刑制使物而以觀感化物者也神則无形者也不見天之使四時而四時不忒不見聖人使百姓而百姓自服也象曰風行地上觀先王以省方觀民設教初六童觀小人无咎君子吝處於觀時而最遠朝美體於陰柔不能自進无所鑒見故曰童觀趣順而已无所能爲小人之道也故曰小人无咎君子處大觀之時而爲童觀不亦鄙乎象曰初六童觀小人道也六二闚觀利女貞處在於内寡所鑒見體於柔弱從順而已猶有應焉不爲全蒙所見者狹故曰闚觀居内得位柔順寡見故曰利女貞婦人之道也處大觀之時居中得位不能大觀廣鑒闚觀而已誠可醜也

象曰闚觀女貞亦可醜也六三觀我生進退居下體之極處二卦之際近不比尊遠不童觀觀風者也居此時也可以觀我生進退也象曰觀我生進退未失道也處進退之時以觀進退之幾未失道也六四觀國之光利用賓于王居觀之時最近至尊觀國之光者也居近得位明習國儀者也故曰利用賓于王也象曰觀國之光尚賓也九五觀我生君子无咎居於尊位爲觀之主宣弘大化光于四表觀之極者也上之化下猶風之靡草故觀民之俗以察己道百姓有罪在余一人君子風著已乃无咎上爲化主將欲自觀乃觀民也象曰觀我生觀民也上九觀其生君子无咎觀我生自觀其道者也觀其生爲民所觀者也不在於位最處上極高尚其志爲天下所觀者也處天下所觀之地可不慎乎故君子德見乃得无咎生猶動出也象曰觀其生志未平也特處異地爲衆所觀不爲平易和光流通志未平也

周易卷第二

五福五代堂寶

八徵耄念之寶

太上皇帝之寶

五福五代堂寶

八徵耄念之寶

太上皇帝之寶

周易上經噬嗑傳第三

王弼注

䷔震下離上 噬嗑亨利用獄 噬齧也嗑合也凡物之不親由有間也物之不齊由有過也有間與過齧而合之所以通也刑克以通獄之利也 彖曰頤中有物曰噬嗑 頤中有物齧而合之噬嗑之義也 噬嗑而亨 有物有間不齧不合无由亨也 剛柔分動而明雷電合而章 剛柔分動不溷乃明雷電並合不亂乃章皆利用獄之義 柔得中而上行雖不當位利用獄也 謂五也能為齧合而通必有其主五則是也上行謂所之在進也凡言上行皆所之在貴也雖不當位不害用獄也 象曰雷電噬嗑先王以明罰勑法 初九屨校滅趾无咎 居无位之地以處刑初受刑而非治刑者也凡過之所始必始於微而後至於著罰之所始必始於薄而後至於誅過輕戮薄故屨校滅趾桎其行也足懲而已故不重也過而不改乃謂之過小懲大誡乃得其福故无咎也校者以木絞校者也即械也校者取其通名也 象曰屨校滅趾不行也 過止於此 六二噬膚滅鼻无咎 噬齧也齧者刑克之謂也處中得位所刑者當故曰噬膚也乘剛而刑未盡順道噬過其分故滅鼻也刑得所疾故雖滅鼻而无咎也膚者柔脆之物也 象曰噬膚

滅鼻乘剛也六三噬腊肉遇毒小吝无咎處下體之極而履非其位以斯食物其物必堅豈唯堅乎將遇其毒噬以喻刑人腊以喻不服毒以喻怨生然承於四而不乘剛雖失其正刑不侵順故雖遇毒小吝无咎象曰遇毒位不當也九四噬乾胏得金矢利艱貞吉雖體陽爻爲陰之主履不獲中而居非其位以斯噬物物亦不服故曰噬乾胏也金剛也矢直也噬乾胏而得剛直可以利於艱貞之吉未足以盡通理之道也象曰利艱貞吉未光也六五噬乾肉得黃金貞厲无咎乾肉堅也黃中也金剛也以陰處陽以柔乘剛以噬於物物亦不服故曰噬乾肉也然處得尊位以柔乘剛而居於中能行其戮者也履不正而能行其戮剛勝者也噬雖不服得中而勝故曰噬乾肉得黃金也已雖不正而刑戮得當故雖貞厲而无咎也象曰貞厲无咎得當也上九何校滅耳凶處罰之極惡積不改者也罪非所懲故刑及其首至于滅耳及首非誡滅耳非懲凶莫甚焉象曰何校滅耳聰不明也聰不明故不慮惡積至于不可解也

䷕離下艮上賁亨小利有攸往彖曰賁亨柔來而文剛故亨分剛上而文柔故小利有攸往剛柔不分文何由生故坤之上六來居二位柔來文剛之義也柔來文剛居位

得中是以亨乾之九二分居上位分剛上而文柔之義也剛上文柔不得中位不若柔來文剛故小利有攸往天文也剛柔交錯而成文焉天之文也文明以止人文也止物不以威武而以文明人之文也觀乎天文以察時變觀乎人文以化成天下解天之文則時變可知也解人之文則化成可爲也象曰山下有火賁君子以明庶政无敢折獄處賁之時止物以文明不可以威刑故君子以明庶政而无敢折獄初九賁其趾舍車而徒在賁之始以剛處下居於无位棄於不義安夫徒步以從其志者也故飾其趾舍車而徒義弗乘之謂也象曰舍車而徒義弗乘也六二賁其須得其位而无應三亦无應俱无應而比焉近而相得者也須之爲物上附者也循其所履以附於上故曰賁其須也象曰賁其須與上興也九三賁如濡如永貞吉處下體之極居得其位與二相比俱履其正和合相潤以成其文者也既得其飾又得其潤故曰賁如濡如也永保其貞物莫之陵故曰永貞吉也象曰永貞之吉終莫之陵也六四賁如皤如白馬翰如匪寇婚媾有應在初而閡於三爲己寇難二志相感不獲通亨欲靜則欽初之應欲進則懼三之難故或飾或素內懷疑懼也鮮絜其馬翰如以待雖履正位未能果其志也三爲剛猛未可輕犯匪寇乃婚終无尤也象曰六四當位疑也匪寇婚

媎終无尤也六五賁于丘園束帛戔戔吝終吉處得尊位爲飾之主飾之盛者也施飾於物其道害也施飾丘園盛莫大焉故賁于束帛丘園乃落賁于丘園帛乃戔戔用莫過儉泰而能約故必吝焉乃得終吉也象曰六五之吉有喜也上九白賁无咎處飾之終飾終反素故任其質素不勞文飾而无咎也以白爲飾而无患憂得志者也象曰白賁无咎上得志也

䷖坤下艮上剝不利有攸往彖曰剝剝也柔變剛也不利有攸往小人長也順而止之觀象也君子尚消息盈虛天行也坤順而艮止也所以順而止之不敢以剛止者以觀其形象也強亢激拂觸忤以殞身身既傾焉功又不就非君子之所尚也象曰山附於地剝上以厚下安宅厚下者牀不見剝也安宅者物不失處也厚下安宅治剝之道也初六剝牀以足蔑貞凶牀者人之所以安也剝牀以足猶云剝牀之足也蔑猶削也剝牀之足滅下之道也下道始滅剛殞柔長則正削而凶來也象曰剝牀以足以滅下也六二剝牀以辨蔑貞凶蔑猶甚極之辭也辨者足之上也剝道浸長故剝其辨也稍近於牀轉欲滅物之所處長柔而削正以斯爲德物所棄也象曰剝牀以辨未有與也六三剝之无咎與上爲應羣陰剝陽我獨協焉雖處

於剥可以无咎象曰剥之无咎失上下也三上下各有二陰而三獨應於陽則失上下也六四剥牀以膚凶初二剥牀民所以安未剥其身也至四剥道浸長牀既剥盡以及人身小人遂盛物將失身豈唯削正靡所不凶象曰剥牀以膚切近災也六五貫魚以宫人寵无不利處剥之時居得尊位爲剥之主者也剥之爲害小人得寵以消君子者也若能施寵小人於宫人而已不害於正則所寵雖衆終无尤也貫魚謂此衆陰也駢頭相次似貫魚也象曰以宫人寵終无尤也上九碩果不食君子得輿小人剥廬處卦之終獨全不落故果至于碩而不見食也君子居之則爲民覆蔭小人用之則剥下所庇也象曰君子得輿民所載也小人剥廬終不可用也

䷗震下坤上復亨出入无疾朋來无咎反復其道七日來復利有攸往彖曰復亨剛反動而以順行是以出入无疾入則爲反出則剛長故无疾疾猶病也朋來无咎朋謂陽也反復其道七日來復陽氣始剥盡至來復時凡七日天行也以天之行反覆不過七日復之不可遠也利有攸往剛長也往則小人道消也復其見天地之心乎復者反本之謂也天地以本爲心者也凡動息則靜靜非對動者也語息則默默非對語者也然則天地

雖大富有萬物，雷動風行，運化萬變，寂然至无，是其本矣。故動息地中，乃天地之心見也。若其以有為心，則異類未獲具存矣。

象曰：雷在地中，復。先王以至日閉關，商旅不行，后不省方。方，事也。冬至，陰之復也；夏至，陽之復也。故為復則至於寂然大靜，先王則天地而行者也。動復則靜，行復則止，事復則无事也。

初九：不遠復，无祇悔，元吉。最處復初，始復者也。復之不速，遂至迷凶，不遠而復，幾悔而反，以此脩身，患難遠矣。錯之於事，其殆庶幾乎，故元吉也。

象曰：不遠之復，以脩身也。

六二：休復，吉。得位處中，最比於初，上无陽爻以疑其親，陽為仁行，在初之上而附順之，下仁之謂也。既處中位，親仁善鄰，復之休也。

象曰：休復之吉，以下仁也。

六三：頻復，厲无咎。頻，頻蹙之貌也。處下體之終，雖愈於上六之迷，已失復遠矣，是以蹙也。蹙而求復，未至於迷，故雖危无咎也。復道宜速，蹙而乃復，義雖无咎，它來難保。

象曰：頻復之厲，義无咎也。

六四：中行獨復。四上下各有二陰，而處厥中，履得其位，而應於初，獨得所復，順道而反，物莫之犯，故曰中行獨復也。

象曰：中行獨復，以從道也。

六五：敦復，无悔。居厚而履中，居厚則无怨，履中則可以自考，雖不足以及休復之吉，守厚以復，悔可免也。

象曰：敦復无悔，中以自考也。

上六：迷復，凶，有災眚。用行師，終有大敗，以其國君凶，至于十年不克征最處復後是迷者也以迷求復故曰迷復也用之行師難用有克也終必大敗用之於國則反乎君道也大敗乃復量斯勢也雖復十年脩之猶未能征也象曰迷復之凶反君道也

䷘震下乾上无妄元亨利貞其匪正有眚不利有攸往彖曰无妄剛自外來而爲主於內謂震也動而健震動而乾健也剛中而應謂五也大亨以正天之命也剛自外來而爲主於內動而愈健剛中而應威剛方正私欲不行何可以妄使有妄之道滅无妄之道成非大亨利貞而何剛自外來而爲主於內則柔邪之道消矣動而愈健則剛直之道通矣剛中而應則齊明之德著矣故大亨以正也天之教命何可犯乎何可妄乎是以匪正則有眚而不利有攸往也其匪正有眚不利有攸往无妄之往何之矣天命不祐行矣哉匪正有眚不求改以從正而欲有所往居不可以妄之時而欲以不正有所往將欲何之天命之所不祐竟矣哉象曰天下雷行物與无妄與辭也猶皆也天下雷行物皆不可以妄也先王以茂對時育萬物茂盛也物皆不敢妄然後萬物乃得各全其性對時育物莫盛於斯也初九无妄往吉體剛處下以貴下賤行不犯妄故往得其志象曰无妄之往得志也六二不耕穫不菑畬則利有攸往不耕而穫

不菑而畬代終已成而不造也不擅其美乃盡臣道故利有攸往象曰不耕穫未富也六三无妄之災或繫之牛行人之得邑人之災以陰居陽行違謙順是无妄之所以為災也牛者稼穡之資也二以不耕而穫利有攸往而三為不順之行故或繫之牛是有司之所以為獲彼人之所以為災也故曰行人之得邑人之災也象曰行人得牛邑人災也九四可貞无咎處无妄之時以陽居陰以剛乘柔履於謙順比近至尊故可以任正固有所守而无咎也象曰可貞无咎固有之也九五无妄之疾勿藥有喜居得尊位為无妄之主者也下皆无妄害非所致而取藥焉疾之甚也非妄之災勿治自復非妄而藥之則凶故曰勿藥有喜象曰无妄之藥不可試也藥攻有妄者也而反攻无妄故不可試也上九无妄行有眚无攸利處不可妄之極唯宜靜保其身而已故不可以行也象曰无妄之行窮之災也

䷙乾下艮上大畜利貞不家食吉利涉大川彖曰大畜剛健篤實輝光日新其德凡物既厭而退者弱也既榮而隕者薄也夫能輝光日新其德者唯剛健篤實也剛上而尚賢謂上九也處上而大通剛來而不距尚賢之謂也能止健大正也健莫過乾而能止之非夫大正

未之能也不家食吉養賢也利涉大川應乎天也有大畜之實以之養賢令賢者不家
食乃吉也尚賢制健大正應天不憂險難故利涉大川也象曰天在山中大畜君子以多識
前言往行以畜其德物之可畜於懷令德不散盡於此也初九有厲利已四乃畜已未可
犯也故進則有厲已則利也象曰有厲利已不犯災也處健之始未果其健者故能利已九
二輿說輹五處畜盛未可犯也遇斯而進故輿說輹也居得其中能以其中不爲馮河死而无悔遇難能止故无尤
也象曰輿說輹中无尤也九三良馬逐利艱貞曰閑輿衛利有
攸往凡物極則反故畜極則通初二之進值於畜盛故不可以升至於九三升于上九而上九處天衢之亨塗徑大通進
无違距可以馳騁故曰良馬逐也履當其位進得其時之乎通路不憂險厄故利艱貞也閑閡也衛護也進得其時雖涉艱難
而无患也輿雖遇閑而故衛也與上合志故利有攸往也象曰利有攸往上合志也六四童
牛之牿元吉處艮之始履得其位能止健初距不以角柔以止剛剛不敢犯抑鋭之始以息強争豈唯獨利乃將
有喜也象曰六四元吉有喜也六五豶豕之牙吉豕牙橫猾剛暴難制之物謂二
也五處得尊位爲畜之主二剛而進能豶其牙柔能制健禁暴抑盛豈唯能固其位乃將有慶也象曰六五之

吉有慶也上九何天之衢亨處畜之極畜極則通大畜以至於大亨之時何辭也猶云何畜乃天之衢亨也象曰何天之衢道大行也

䷚震下艮上頤貞吉觀頤自求口實彖曰頤貞吉養正則吉也觀頤觀其所養也自求口實觀其自養也天地養萬物聖人養賢以及萬民頤之時大矣哉象曰山下有雷頤君子以慎言語節飲食言語飲食猶慎而節之而況其餘乎初九舍爾靈龜觀我朶頤凶朶頤者嚼也以陽處下而為動始不能令物由己養動而求養者也夫安身莫若不競脩己莫若自保守道則福至求祿則辱來居養賢之世不能貞其所履以全其德而舍其靈龜之明兆羨我朶頤而躁求離其致養之至道闚我寵祿而競進凶莫甚焉象曰觀我朶頤亦不足貴也六二顛頤拂經于丘頤征凶養下曰顛拂違也經猶義也丘所履之常也處下體之中无應於上反而養初居下不奉上而反養下故曰顛頤拂經于丘也以此而養未見其福也以此而行未見有與故曰頤征凶象曰六二征凶行失類也類皆上養而二處下養初六三拂頤貞凶十年勿用无攸利履夫不正以養於上納上以諂者也拂養正之義故曰拂頤貞凶也處頤而為

此行十年見棄者也立行於斯无施而利象曰十年勿用道大悖也六四顛頤吉虎
視眈眈其欲逐逐无咎體屬上體居得其位而應於初以上養下得頤之義故曰顛頤吉也下交不可
以瀆故虎視眈眈威而不猛不惡而嚴養德施賢何可有利故其欲逐逐尚敦實也脩此二者然後乃得全其吉而无咎觀其
自養則履正察其所養則養陽頤爻之貴斯爲盛矣象曰顛頤之吉上施光也六五拂經
居貞吉不可涉大川以陰居陽拂頤之義也行則失類故宜居貞也无應於下而比於上故可守貞從上
得頤之吉雖得居貞之吉處頤違謙難未可涉也象曰居貞之吉順以從上也上九由
頤厲吉利涉大川以陽處上而履四陰陰不能獨爲主必宗於陽也故莫不由之以得其養故曰由頤爲衆
陰之主不可瀆也故厲乃吉有似家人悔厲之義貴而无位是以厲也高而有民是以吉也爲養之主物莫之違故利涉大川
也象曰由頤厲吉大有慶也

䷛巽下兌上大過音相過之過棟橈利有攸往亨彖曰大過大者過也大者
乃能過也棟橈本末弱也初爲本而上爲末也剛過而中謂二也居陰過也處二中也拯弱興衰不
失其中也巽而說行巽而說行以此救難難乃濟也利有攸往乃亨危而弗持則將安用故往乃亨

大過之時大矣哉是君子有爲之時也象曰澤滅木大過君子以獨立不
懼遯世无悶此所以爲大過非凡所及也初六藉用白茅无咎以柔處下過而可以无咎
其唯愼乎象曰藉用白茅柔在下也九二枯楊生稊老夫得其女妻
无不利稊者楊之秀也以陽處陰能過其本而救其弱者也上无其應心无特吝處過以此无衰不濟也故能令枯楊
更生稊老夫更得少妻拯弱興衰莫盛斯爻故无不利也老過則枯少過則稚以老分少則稚者長以稚分老則枯者榮過以
相與之謂也大過至衰而已至壯以至壯輔至衰應斯義也象曰老夫女妻過以相與也九
三棟橈凶居大過之時處下體之極不能救危拯弱以隆其棟而以陽處陽自守所居又應於上係心在一宜其淹
溺而凶衰也象曰棟橈之凶不可以有輔也九四棟隆吉有他吝體屬
上體以陽處陰能極其弱不爲下所橈者也故棟隆吉也而應在初用心不弘故有他吝也象曰棟隆之吉
不橈乎下也九五枯楊生華老婦得其士夫无咎无譽處得尊位而以
陽處陽未能拯危處得尊位亦未有橈故能生華不能生稊能得夫不能得妻處棟橈之世而爲无咎无譽何可長哉故生華
不可久士夫誠可醜也象曰枯楊生華何可久也老婦士夫亦可醜也上

六過涉滅頂凶无咎處大過之極過之甚也涉難過甚故至于滅頂凶志在救時故不可咎也象曰過涉之凶不可咎也雖凶无咎不害義也

☵☵坎下坎上習坎坎險陷之名也習謂便習之有孚維心亨剛正在內有孚者也陽不外發而在乎內心亨者也行有尚内亨外闇内剛外順以此行險行有尚也彖曰習坎重險也坎以險爲用故特名曰重險言習坎者習乎重險也水流而不盈行險而不失其信險陷之極故水流而不能盈也處至險而不失剛中行險而不失其信者習險之謂也維心亨乃以剛中也行有尚往有功也便習於坎而之坎地盡坎之宜故往必有功也天險不可升也不可得升故得保其威尊地險山川丘陵也有山川丘陵故物得以保全也王公設險以守其國國之爲衞恃於險也言自天地以下莫不須險也險之時用大矣哉非用之常用有時也象曰水洊至習坎重險縣絕故水洊至也不以坎爲隔絕相仍而至習乎坎也君子以常德行習教事至險未夷教不可廢故以常德行而習教事也習於坎然後乃能不以險難爲困而德行不失常也故則夫習坎以常德行而習教事也初六習坎入于坎窞凶習坎者習爲險難之事也最處坎底入坎窞者也處重險而復入坎底其道凶也行險而

不能自濟以坎而入坎窞失道而窮在坎底上无應援可以自濟是以凶也象曰習坎入坎失道凶也九二坎有險求小得履失其位故曰坎上无應援故曰有險坎而有險未能出險之中也處中而與初三相得故可以求小得也初三未足以爲援故曰小得也象曰求小得未出中也六三來之坎坎險且枕入于坎窞勿用既履非其位而又處兩坎之間出則之坎居則亦坎故曰來之坎坎也枕者枝而不安之謂也出則无之處則无安故曰險且枕也來之皆坎无所用之徒勞而已象曰來之坎終无功也六四樽酒簋貳用缶納約自牖終无咎處重險而履正以柔居柔得其位以承於五五亦得位剛柔各得其所不相犯位皆无餘應以相承比明信顯著不存外飾處坎以斯雖復一樽之酒二簋之食瓦缶之器納此至約自進於牖乃可羞之於王公薦之於宗廟故終无咎也象曰樽酒簋貳剛柔際也剛柔相比而相親焉際之謂也九五坎不盈祗既平无咎爲坎之主而无應輔可以自佐未能盈坎者也坎之不盈則險不盡矣祗辭也爲坎之主盡平乃无咎故曰祗既平无咎也說既平乃无咎明九五未免於咎也象曰坎不盈中未大也上六係用徽纆寘于叢棘三歲不得凶險陗之極不可升也嚴法峻整難可犯也宜其囚執寘于思過之地三歲險道之夷也險終乃反故三歲不得

自脩三歲乃可以求復故曰歲不得凶也象曰上六失道凶三歲也

☲☲離下離上離利貞亨離之爲卦以柔爲正故必貞而後乃亨故曰利貞亨也畜牝牛吉柔處于內而履正中牝之善也外強而內順牛之善也離之爲體以柔順爲主者也故不可以畜剛猛之物而吉於畜牝牛也彖曰離麗也麗猶著也各得所著之宜日月麗乎天百穀草木麗乎土重明以麗乎正乃化成天下柔麗乎中正故亨是以畜牝牛吉也柔著于中正乃得通也柔通之吉極於畜牝牛不能及剛猛也象曰明兩作離大人以繼明照于四方繼謂不絕也明照相繼不絕曠也初九履錯然敬之无咎錯然者警慎之貌也處離之始將次而盛未在既濟故宜慎其所履以敬爲務辟其咎也象曰履錯之敬以辟咎也六二黃離元吉居中其位以柔處柔履文明之盛而得其中故曰黃離元吉也象曰黃離元吉得中道也九三日昃之離不鼓缶而歌則大耋之嗟凶嗟憂歎之辭也處下離之終明在將沒故曰日昃之離也明在將終若不委之於人養志无爲則至于耋老有嗟凶矣故曰不鼓缶而歌則大耋之嗟凶也象曰日昃之離何可久也九四突如其來如焚如死如棄如處於明道始變

之際昏而始曉没而始出故曰突如其來如其明始進其炎始盛故曰焚如逼近至尊履非其位欲進其盛以炎其上命必不終故曰死如違離之義无應无承衆所不容故曰棄如也

象曰突如其來如无所容也

六五出涕沱若戚嗟若吉履非其位不勝所履以柔乘剛不能制下下剛而進將來害已憂傷之深至于沱嗟也然所麗在尊四爲逆首憂傷至深衆之所助故乃沱嗟而獲吉也

象曰六五之吉離王公也

上九王用出征有嘉折首獲匪其醜无咎離麗也各得安其所麗謂之離處離之極離道已成則除其非類以去民害王用出征之時也故必有嘉折首獲匪其醜乃得无咎也

象曰王用出征以正邦也

周易卷第三

周易下經咸傳第四

王弼注

䷞艮下兌上咸亨利貞取女吉彖曰咸感也柔上而剛下二氣感應以相與是以亨也止而說故利貞也男下女取女吉也是以亨利貞取女吉也天地感而萬物化生二氣相與乃化生也聖人感人心而天下和平觀其所感而天地萬物之情可見矣天地萬物之情見於所感也凡感之爲道不能感非類者也故引取女以明同類之義也同類而不相感應以其各亢所處也故女雖應男之物必下之而後取女乃吉也象曰山上有澤咸君子以虛受人以虛受人物乃感應初六咸其拇處咸之初爲感之始所感在末故有志而已如其本實未至傷靜象曰咸其拇志在外也四屬外卦六二咸其腓凶居吉咸道轉進離拇升腓腓體動躁者也感物以躁凶之道也由躁故凶居則吉矣處不乘剛故可以居而獲吉象曰雖凶居吉順不害也陰而爲居順之道也不躁而居順不害也九三咸其股執其隨往吝股之爲物隨足者也進不能制動退不能靜處所感在股志在隨人者也志在隨人所執亦以賤矣用斯

以往吝其宜也象曰咸其股亦不處也志在隨人所執下也九四貞吉悔亡憧憧往來朋從爾思處上卦之初應下卦之始居體之中在股之上一體始相交感以通其志心神始感者也凡物始感而不以之於正則至於害故必貞然後乃吉吉然後乃得亡其悔也始在於感未盡感極不能至於无思以得其黨故有憧憧往來然後朋從其思也象曰貞吉悔亡未感害也未感於害故可正之得悔亡也憧憧往來未光大也九五咸其脢无悔脢者心之上口之下進不能大感退亦不為无志其志淺末故无悔而已象曰咸其脢志末也上六咸其輔頰舌咸道轉末故在口舌言語而已象曰咸其輔頰舌滕口說也輔頰舌者所以為語之具也咸其輔頰舌則滕口說也憧憧往來猶未光大況在滕口薄可知也

䷟巽下震上恒亨无咎利貞恒而亨以濟三事也恒之為道亨乃无咎也恒通无咎乃利正也利有攸往各得所恒脩其常道終則有始往而无違故利有攸往也彖曰恒久也剛上而柔下剛尊柔卑得其序也雷風相與長陽長陰能相成也巽而動動无違也剛柔皆應不孤媲也恒皆可久之道恒亨无咎利貞久於其道也道得所久則常通无咎而利正也天地之道

恒久而不已也得其所久故不已也利有攸往終則有始也得其常道故終則復始往无窮極日月得天而能久照四時變化而能久成聖人久於其道而天下化成言各得其所恒故皆能長久觀其所恒而天地萬物之情可見矣天地萬物之情見於所恒也象曰雷風恒長陽長陰合而相與可久之道也君子以立不易方得其所久故不易也初六浚恒貞凶无攸利處恒之初最處卦底始求深者也求深窮底令物无餘緼漸以至此物猶不堪而況始求深者乎以此爲恒凶正害德无施而利也象曰浚恒之凶始求深也九二悔亡雖失其位恒位於中可以消悔也象曰九二悔亡能久中也九三不恒其德或承之羞貞吝處三陽之中居下體之上處上體之下上不至全尊下不至全卑中不在體體在乎恒而分无所定无恒者也德行无恒自相違錯不可致詰故或承之羞也施德於斯物莫之納鄙賤甚矣故曰貞吝也象曰不恒其德无所容也九四田无禽恒於非位雖勞无獲也象曰久非其位安得禽也六五恒其德貞婦人吉夫子凶居得尊位爲恒之主不能制義而係應在二用心專貞從唱而已婦人之吉夫子之凶也象曰婦人貞吉從一而終也

六三

夫子制義從婦凶也上六振恒凶夫靜爲躁君安爲動主故安者上之所處也靜者可久之道也處卦之上居動之極以此爲恒无施而得也象曰振恒在上大无功也

䷠艮下乾上遯亨小利貞彖曰遯亨遯而亨也遯之爲義遯乃通也剛當位而應與時行也謂五也剛當位而應非否亢也遯不否亢能與時行也小利貞浸而長也陰道欲浸而長正道亦未全滅故小利貞也遯之時義大矣哉象曰天下有山遯天下有山陰長之象君子以遠小人不惡而嚴初六遯尾厲勿用有攸往遯之爲義辟內而之外者也尾之爲物最在體後者也處遯之時不往何災而爲遯尾禍所及也危至而後求行難可免乎厲則勿用有攸往也象曰遯尾之厲不往何災也六二執之用黃牛之革莫之勝說居內處中爲遯之主物皆遯己何以固之若能執乎理中厚順之道以固之也則莫之勝解象曰執用黃牛固志也九三係遯有疾厲畜臣妾吉在內近二以陽附陰宜遯而繫故曰繫遯遯之爲義宜遠小人以陽附陰繫於所在不能遠害亦已憊矣宜其屈辱而危厲也繫於所在畜臣妾可也施於大事凶之道也象曰係遯之厲有疾憊也畜臣妾吉不可大事也九四好遯

君子吉小人否處於外而有應於內君子好遯故能舍之小人繫戀是以否也象曰君子好遯小人否也音藏否之否九五嘉遯貞吉遯而得正反制於內小人應命率正其志不惡而嚴得正之吉遯之嘉也象曰嘉遯貞吉以正志也上九肥遯无不利最處外極无應於內超然絕志心无疑顧憂患不能累矰繳不能及是以肥遯无不利也象曰肥遯无不利无所疑也

䷡乾下震上大壯利貞彖曰大壯大者壯也大者謂陽爻小道將滅大者獲正故利貞也剛以動故壯大壯利貞大者正也正大而天地之情可見矣天地之情正大而已矣弘正極大則天地之情可見矣象曰雷在天上大壯剛以動也君子以非禮弗履壯而違禮則凶凶則失壯也故君子以大壯而順禮也初九壯于趾征凶有孚夫得大壯者必能自終成也未有陵犯於物而得終其壯者在下而壯故曰壯于趾也居下而用剛壯以斯而進窮凶可必也故曰征凶有孚象曰壯于趾其孚窮也言其信窮九二貞吉居得中位以陽居陰履謙不亢是以貞吉象曰九二貞吉以中也九三小人用壯君子用罔貞厲羝羊觸藩羸其角處健之極以陽處陽用其壯者也故小人用之以為壯君子用之以為羅己者也貞厲以壯雖復羝

羊以之觸藩能无羸乎象曰小人用壯君子罔也九四貞吉悔亡藩決不羸壯于大輿之輹下剛而進將有憂虞而以陽處陰行不違謙不失其壯故得貞吉而悔亡也已得其壯而上陰不罔已路故藩決不羸也壯于大輿之輹无有能說其輹者可以往也象曰藩決不羸尚往也六五喪羊于易无悔居于大壯以陽處陽猶不免咎而況以陰處陽以柔乘剛者乎羊壯也必喪其羊失其所居也能喪壯于易不于險難故得无悔二履貞吉能幹其任而已委焉則得无悔委之則難不至居之則敵寇來故曰喪羊于易象曰喪羊于易位不當也上六羝羊觸藩不能退不能遂无攸利艱則吉有應於三故不能退懼於剛長故不能遂持疑猶豫志无所定以斯決事未見所利雖處剛長剛不害正苟定其分固志在一以斯自處則憂患消亡故曰艱則吉也象曰不能退不能遂不詳也艱則吉咎不長也

䷢坤下離上晉康侯用錫馬蕃庶晝日三接彖曰晉進也明出地上順而麗乎大明柔進而上行凡言上行者所之在貴也是以康侯用錫馬蕃庶晝日三接也康美之名也順以著明臣之道也柔進而上行物所與也故得錫馬而蕃庶以訟受服則終朝

三褫柔進受寵則一晝三接也象曰明出地上晉君子以自昭明德以順著明自顯之道

初六晉如摧如貞吉罔孚裕无咎處順之初應明之始明順之德於斯將隆進明退順不失其正故曰晉如摧如貞吉也處卦之始功業未著物未之信故曰罔孚方踐卦始未至履位以此爲足自喪其長者也故必裕之然後无咎象曰晉如摧如獨行正也裕无咎未受命也未得履位未受命也

六二晉如愁如貞吉受茲介福于其王母進而无應其德不昭故曰晉如愁如居中得位履順而正不以无應而回其志處晦能致其誠者也脩德以斯闇乎幽昧得正之吉也故曰貞吉母者處內而成德者也鶴鳴在陰則其子和之立誠於闇闇亦應之故其初愁如履貞不回則乃受茲大福于其王母也象曰受茲介福以中正也

六三衆允悔亡處非其位悔也志在上行與衆同信順而麗明故得悔亡也象曰衆允之志上行也

九四晉如鼫鼠貞厲履非其位上承於五下據三陰履非其位又負且乘无業可安志无所據以斯爲進正之危也進如鼫鼠无所守也象曰鼫鼠貞厲位不當也

六五悔亡失得勿恤往吉无不利柔得尊位陰爲明主能不用察不代下任也故雖不當位能消其悔失得勿恤各有其司術斯以往无不利也象曰失得勿恤往有慶也

上九晉其

角維用伐邑厲吉无咎貞吝（處進之極，過明之中，明將夷焉，已在乎角而猶進之，非亢如何？失夫道化无爲之事，必須攻伐然後服邑，危乃得吉，吉乃无咎，用斯爲正，亦以賤矣。）象曰：維用伐邑，道未光也。

䷣（離下坤上）明夷：利艱貞。彖曰：明入地中，明夷。内文明而外柔順，以蒙大難，文王以之。利艱貞，晦其明也。内難而能正其志，箕子以之。象曰：明入地中，明夷。君子以莅衆，（莅衆顯明，蔽僞百姓者也。故以蒙養正，以明夷莅衆。）用晦而明。（藏明於内，乃得明也；顯明於外，乃所辟也。）

初九：明夷于飛，垂其翼。君子于行，三日不食。有攸往，主人有言。（明夷之主，在於上六。上六爲至闇者也。初處卦之始，最遠於難也。遠難過甚，明夷遠遯，絶跡匿形，不由軌路，故曰明夷于飛。懷懼而行，行不敢顯，故曰垂其翼也。尚義而行，故曰君子于行。志急於行，飢不遑食，故曰三日不食也。殊類過甚，以斯適人，人必疑之，故曰有攸往，主人有言。）象曰：君子于行，義不食也。

六二：明夷，夷于左股，用拯馬壯，吉。（夷于左股，示行不能壯也。以柔居中，用夷其明，進不殊類，退不近難，不見疑憚，順以則也，故可用拯馬而壯吉也。不垂其翼，然後乃免也。）象曰：六二之吉順以則也順之以則故不見疑九三明夷于南狩得其大首不可疾貞處下體之上居文明之極上爲至晦入地之物也故夷其明以獲南狩得大首也南狩者發其明也既誅其主將正其民民之迷也其日固已久矣化宜以漸不可速正故曰不可疾貞象曰南狩之志乃大得也去闇主也六四入于左腹獲明夷之心于出門庭左者取其順也入于左腹得其心意故雖近不危雖時辟難門庭而已能不逆忤也象曰入于左腹獲心意也六五箕子之明夷利貞最近於晦與難爲比險莫如茲而在斯中猶闇不能沒明不可息正不憂危故利貞也象曰箕子之貞明不可息也上六不明晦初登于天後入于地處明夷之極是至晦者也本其初也在乎光照轉至于晦遂入于地象曰初登于天照四國也後入于地失則也

䷤離下巽上家人利女貞家人之義各自脩一家之道不能知家外他人之事也統而論之非元亨利君子之貞故利女貞其正在家內而已彖曰家人女正位乎內謂二也男正位乎外謂五也家人之義以內爲本故先說女也男女正天地之大義也家人有嚴君焉父母之謂也父父子子兄兄弟弟夫夫婦婦而家道正正家而天下定

矣象曰風自火出家人由内以相成熾也君子以言有物而行有恒家人
之道脩於近小而不妄也故君子以言必有物而口无擇言行必有恒而身无擇行初九閑有家悔亡凡教
在初而法在始家瀆而後嚴之志變而後治之則悔矣處家人之初為家人之始故宜必以閑有家然後悔亡也象曰
閑有家志未變也六二无攸遂在中饋貞吉居内處中履得其位以陰應陽盡婦
人之正義无所必遂職乎中饋巽順而已是以貞吉也象曰六二之吉順以巽也九三家
人嗃嗃悔厲吉婦子嘻嘻終吝以陽處陽剛嚴者也處下體之極為一家之長者也行與其慢
寧過乎恭家與其瀆寧過乎嚴是以家人雖嗃嗃悔厲猶得其道婦子嘻嘻乃失其節也象曰家人嗃嗃未
失也婦子嘻嘻失家節也六四富家大吉能以其富順而處位故大吉也若但能富
其家何足為大吉體柔居巽履得其位明於家道以近至尊能富其家也象曰富家大吉順在位也
九五王假有家勿恤吉假至也履正而應處尊體巽王至斯道以有其家者也居於尊位而明於家道
則下莫不化矣父父子子兄兄弟弟夫夫婦婦六親和睦交相愛樂而家道正正家而天下定矣故王假有家則勿恤而吉
象曰王假有家交相愛也上九有孚威如終吉處家人之終居家道之成刑于

寡妻以著于外者也故曰有孚凡物以猛爲本者則患在寡恩以愛爲本者則患在寡威故家人之道尚威嚴也家道可終唯信與威身得威敬人亦如之反之於身則知施於人也象曰威如之吉反身之謂也

☲☱兑下離上睽小事吉彖曰睽火動而上澤動而下二女同居其志不同行説而麗乎明柔進而上行得中而應乎剛是以小事吉事皆相違害之道也何由得小事吉以有此三德也天地睽而其事同也男女睽而其志通也萬物睽而其事類也睽之時用大矣哉睽離之時非小人之所能用也象曰上火下澤睽君子以同而異同於通理異於職事初九悔亡喪馬勿逐自復見惡人无咎處睽之初居下體之下无應獨立悔也與四合志故得悔亡馬者必顯之物處物之始乖而喪其馬物莫能同其私必相顯也故勿逐而自復也時方乖離而位乎窮下之无應可援下无權可恃顯德自異爲惡所害故見惡人乃得免咎也象曰見惡人以辟咎也九二遇主于巷无咎處睽失位將无所安然五亦失位俱求其黨出門同趣不期而遇故曰遇主于巷也處睽得援雖失其位未失道也象曰遇主于巷未失道也六三見輿曳其牛掣其人天且劓无初有終輿

近而不相得則凶處睽之時履非其位以陰居陽以柔乘剛志在於上而不和於四二應於五則近而不相比故見輿曳輿曳者履非其位失所載也其牛掣者滯隔所在不獲進也其人天且劓者四從上取二從下取而應在上九執志不回初雖受困終獲剛助象曰見輿曳位不當也无初有終遇剛也九四睽孤遇元夫交孚厲无咎无應獨處五自應二三與己睽故曰睽孤也初亦无應特立處睽之時俱在獨立同處體下同志者也而已失位比於三五皆與己乖處无所安故求其疇類而自託焉故曰遇元夫也同志相得而无疑焉故曰交孚也雖在乖隔志故得行故雖危无咎象曰交孚无咎志行也六五悔亡厥宗噬膚往何咎非位悔也有應故亡厥宗謂二也噬膚者齧柔也三雖比二二之所噬非妨己應者也以斯而往何咎之有往必合也象曰厥宗噬膚往有慶也上九睽孤見豕負塗載鬼一車先張之弧後說之弧匪寇婚媾往遇雨則吉處睽之極睽道未通故曰睽孤已居炎極三處澤盛睽之極也以文明之極而觀至穢之物睽之甚也豕而負塗穢莫過焉至睽將合至殊將通恢詭譎怪道將為一未至於洽先見殊怪故見豕負塗甚可穢也見鬼盈車吁可怪也先張之弧將攻害也後說之弧睽怪通也四剠其應故為寇也睽志將通匪寇婚媾往不失時睽疑亡也貴於遇雨和陰陽也陰陽既和羣疑亡以象曰遇雨之吉羣疑

亡也

䷦艮下坎上蹇利西南不利東北西南地也東北山也以難之平則難解以難之山則道窮利見大人往則濟也貞吉爻皆當位各履其正居難履正正邦之道也正道未否難由正濟故貞吉也遇難失正吉可得乎

彖曰蹇難也險在前也見險而能止知矣哉蹇利西南往得中也不利東北其道窮也利見大人往有功也當位貞吉以正邦也蹇之時用大矣哉蹇難之時非小人之所能用也

象曰山上有水蹇山上有水蹇難之象君子以反身脩德除難莫若反身脩德

初六往蹇來譽處難之始居止之初獨見前識覩險而止以待其時知矣哉故往則遇蹇來則得譽

象曰往蹇來譽宜待也

六二王臣蹇蹇匪躬之故處難之時履當其位居不失中以應於五不以五在難中私身遠害執心不回志匡王室者也故曰王臣蹇蹇匪躬之故履中行義以存其上處蹇以此未見其尤也

象曰王臣蹇蹇終无尤也

九三往蹇來反進則入險來則得位故曰往蹇來反爲下卦之主是內之所恃也

象曰往蹇來反內喜之也

六四往蹇來連往則无應來則乘剛往來皆難故曰往蹇來連得位履正當其本實

雖遇於難，非妄所招也。象曰往蹇來連當位實也九五大蹇朋來處難之時，獨在險中，難之大者也，故曰大蹇。然居不失正，履不失中，執德之長，不改其節，如此則同志者集而至矣，故曰朋來也。象曰大蹇朋來以中節也上六往蹇來碩吉利見大人往則長難，來則難終，難終則衆難皆濟，志大得矣，故曰往蹇來碩吉。險夷難解，大道可興，故曰利見大人也。象曰往蹇來碩志在內也有應在內，往則失之，來則志獲，志在內也。利見大人以從貴也

䷧坎下震上解利西南西南衆也，解難濟險，利施於衆也，亦不困于東北，故不言不利東北也。无所往其來復吉有攸往夙吉未有善於解難而迷於處安也，解之為義，解難而濟厄者也。无難可往，以解來復，則不失中；有難而往，則以速為吉也。无難則能復其中，有難則能濟其厄也。彖曰解險以動動而免乎險解動乎險外，故謂之免，免險則解，故謂之解。解利西南往得衆也其來復吉乃得中也有攸往夙吉往有功也天地解而雷雨作雷雨作而百果草木皆甲坼天地否結則雷雨不作，交通感散，雷雨乃作也。雷雨之作，則險厄者亨，否結者散，故百果草木皆甲坼也。解之時大矣哉无所而不釋也。難解之時，非治難時，故不言用；體盡於解之名，无有幽隱，故不曰義。

象曰雷雨作解君子以赦過宥罪初六无咎解者解也屯難盤結於是乎解也處蹇難始解之初在剛柔始散之際將赦罪厄以夷其險處此之時不煩於位而无咎也象曰剛柔之際義无咎也或有過咎非其理也義猶理也九二田獲三狐得黃矢貞吉狐者隱伏之物也剛中而應爲五所任處於險中知險之情以斯解物能獲隱伏也故曰田獲三狐也黃理中之稱也矢直也田而獲三狐得乎理中之道不失枉直之實能全其正者也故曰田獲三狐得黃矢貞吉也象曰九二貞吉得中道也六三負且乘致寇至貞吝處非其位履非其正以附於四用夫柔邪以自媚者也乘二負四以容其身寇之來也自己所致雖幸而免正之所賤也象曰負且乘亦可醜也自我致戎又誰咎也九四解而拇朋至斯孚失位不正而比於三故三得附之爲其拇也三爲之拇則失初之應故解其拇然後朋至而信矣象曰解而拇未當位也六五君子維有解吉有孚于小人居尊履中而應乎剛可以有解而獲吉矣以君子之道解難釋險小人雖闇猶知服之而无怨矣故曰有孚于小人也象曰君子有解小人退也上六公用射隼于高墉之上獲之无不利初爲四應二爲五應三不應上失位負乘處下體之上故曰高墉墉非隼之所處高非三之所履上

六居動之上爲解之極將解荒悖而除穢亂者也故用射之極而後動成而後舉故必獲之而无不利也象曰公用射隼以解悖也

䷨兌下艮上損有孚元吉无咎可貞利有攸往曷之用二簋可用享

彖曰損損下益上其道上行艮爲陽兌爲陰凡陰順於陽者也陽止於上陰說而順損下益上上行之義也損而有孚元吉无咎可貞利有攸往損之爲道損下益上損剛益柔也損下益上非補不足也損剛益柔非長君子之道也爲損而可以獲吉其唯有孚乎損而有孚則元吉无咎而可正利有攸往矣損剛益柔不以消剛損下益上不以盈上損剛而不爲邪益上而不爲諂則何咎而可正雖不能拯濟大難以斯有往物无距也曷之用曷辭也曷之用言何用豐爲也二簋可用享二簋質薄之器也行損以信雖二簋而可用享二簋應有時至約之道不可常也損剛益柔有時下不敢剛貴於上行損剛益柔之謂也剛爲德長損之不可以爲常也損益盈虛與時偕行自然之質各定其分短者不爲不足長者不爲有餘損益將何加焉非道之常故必與時偕行也

象曰山下有澤損山下有澤損之象也君子以懲忿窒欲可損之善莫善忿欲也

初九巳事遄往无咎酌損之損之爲道損下益上損剛益柔以應

其時者也居於下極損剛奉柔則不可以逸處損之始則不可以盈事已則往不敢宴安乃獲无咎也剛以奉柔雖免乎咎猶未親也故旣獲无咎復自酌損乃得合志也遄速也**象曰已事遄往尚合志也**尚合於志故速往也

九二利貞征凶弗損益之柔不可全益剛不可全削下不可以无正初九已損剛以順柔九二履中而復損已以益柔則剝道成焉故不可遄往而利貞也進之乎柔則凶矣故曰征凶也故九二不損而務益以中爲志也**象曰九二利貞中以爲志也**

六三三人行則損一人一人行則得其友損之爲道損下益上其道上行三人謂自六三已上三陰也三陰並行以承於上則上失其友內无其主名之曰益其實乃損故天地相應乃得化淳男女匹配乃得化生陰陽不對生可得乎故六三獨行乃得其友三陰俱行則必疑矣**象曰一人行三則疑也**

六四損其疾使遄有喜无咎履得其位以柔納剛能損其疾也疾何可久故遄乃有喜損疾以離其咎有喜乃免故使速乃有喜有喜乃无咎也**象曰損其疾亦可喜也**

六五或益之十朋之龜弗克違元吉以柔居尊而爲損道江海處下百谷歸之履尊以損則或益之矣朋黨也龜者決疑之物也陰非先唱柔非自任尊以自居損以守之故人用其力事竭其功知者慮能明者慮策弗能違也則衆才之用盡矣獲益而得十朋之龜足以盡天人之助也**象曰六五元吉自上**

祐也上九弗損益之无咎貞吉利有攸往得臣无家處損之終上无所奉損終反益剛德不損乃反益之而不憂於咎用正而吉不制於柔剛德遂長故曰弗損益之无咎貞吉利有攸往也居上乘柔處損之極尚夫剛德為物所歸故曰得臣得臣則天下為一故无家也象曰弗損益之大得志也

䷩震下巽上益利有攸往利涉大川彖曰益損上益下民說无疆震陽也巽陰也巽非違震者也處上而巽不違於下損上益下之謂也自上下下其道大光利有攸往中正有慶五處中正自上下下故有慶也以中正有慶之德有攸往也何適而不利哉利涉大川木道乃行木者以涉大川為常而不溺者也以益涉難同乎木也益動而巽日進无疆天施地生其益无方損上益下凡益之道與時偕行益之為用施未足也滿而益之害之道也故凡益之道與時偕行也象曰風雷益君子以見善則遷有過則改遷善改過益莫大焉初九利用為大作元吉无咎處益之初居動之始體夫剛德以莅其事而之乎巽以斯大作必獲大功夫居下非厚事之地在卑非任重之處大作非小功所濟故元吉乃得无咎也象曰元吉无咎下不厚事也時可以大作而下不可以厚事得其時而无其處故元吉乃得无咎也六二或益之

十朋之龜弗克違永貞吉王用享于帝吉以柔居中而得其位處內履中居益以沖益自外來不召自至不先不爲則朋龜獻策同於損卦六五之位位不當尊故吉在永貞也帝者生物之主興益之宗出震而齊巽者也六二居益之中體柔當位而應於巽享帝之美在此時也象曰或益之自外來也六三益之用凶事无咎有孚中行告公用圭以陰居陽求益者也故曰益之益不外來已自爲之物所不與故在謙則戮救凶則免以陰居陽處下卦之上壯之甚也用救衰危物所恃也故用凶事乃得无咎也若能益不爲私志在救難壯不至亢不失中行以此告公國主所任也用圭之禮備此道矣故曰有孚中行告公用圭也公者臣之極也凡事足以施天下則稱王次天下之大者則稱公六三之才不足以告王足以告公而得用圭也故曰中行告公用圭也象曰益用凶事固有之也用施凶事乃得固有之也六四中行告公從利用爲依遷國居益之時處巽之始體柔當位在上應下卑不窮下高不處亢位雖不中用中行者也以斯告公何有不從以斯依遷誰有不納也象曰告公從以益志也志得益也九五有孚惠心勿問元吉有孚惠我德得位履尊爲益之主者也爲益之大莫大於信爲惠之大莫大於心因民所利而利之焉惠而不費惠心者也信以惠心盡物之願故不待問而元吉有孚惠我德也以誠惠物物亦應之故曰有孚惠我德也象

曰有孚惠心勿問之矣惠我德大得志也上九莫益之或擊之立心勿恒凶處益之極過盈者也求益无已心无恒者也无厭之求人弗與也獨唱莫和是偏辭也人道惡盈怨者非一故曰或擊之也象曰莫益之偏辭也或擊之自外來也

周易卷第四

五福五代堂寶

八徵耄念之寶

太上皇帝之寶

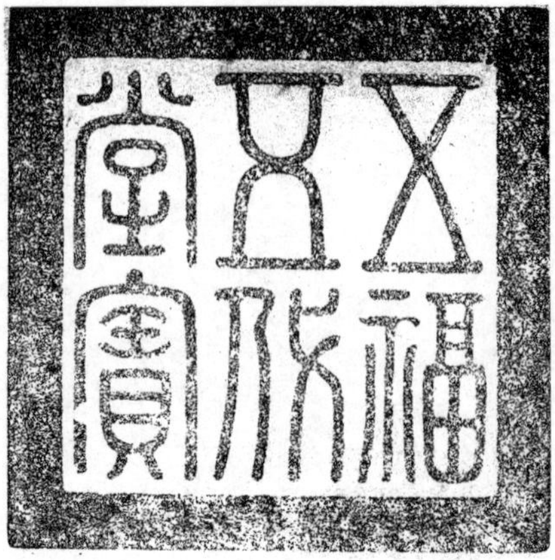
五福五代堂寶

八徵耄念之寶

太上皇帝之寶

周易下經夬傳第五

王弼注

☱☰乾下兌上　夬揚于王庭孚號有厲告自邑不利即戎利有攸往夬與剝反者也剝以柔變剛至於剛幾盡夬以剛決柔如剝之消剛剛隕則君子道消柔消則小人道隕君子道消則剛正之德不可得直道而用刑罰之威不可得坦然而行揚于王庭其道公也

彖曰夬決也剛決柔也健而說決而和健而說則決而和矣揚于王庭柔乘五剛也剛德齊長一柔爲逆衆所同誅而无忌者也故可揚于王庭孚號有厲其危乃光也剛正明信以宣其令則柔邪者危故曰其危乃光也告自邑不利即戎所尚乃窮也以剛斷制告令可也告自邑謂行令於邑也用剛即戎尚力取勝也尚力取勝物所同疾也利有攸往剛長乃終也剛德愈長柔邪愈消故利有攸往道乃成也

象曰澤上於天夬君子以施祿及下居德則忌澤上於天夬之象也澤上於天必來下潤施祿及下之義也夬者明法而決斷之象也忌禁也法明斷嚴不可以慢故居德以明禁也施而能嚴嚴而能施健而能說決而能和美之道也

初九壯于前趾往不勝爲咎居健之初爲決之始宜審其策以行

其事壯其前趾往而不勝宜其咎也象曰不勝而往咎也不勝之理在往前也九二惕號莫夜有戎勿恤居健履中以斯決事能審已度而不疑者也故雖有惕懼號呼莫夜有戎不憂不惑故勿恤也象曰有戎勿恤得中道也九三壯于頄有凶君子夬夬獨行遇雨若濡有慍无咎頄面權也謂上六也最處體上故曰權也剝之六三以應陽爲善夫剛長則君子道興陰盛則小人道長然則處陰長而助陽則善處剛長而助柔則凶矣夬爲剛長而三獨應上六助於小人是以凶也君子處之必能棄夫情累決之不疑故曰夬夬也若不與衆陽爲羣而獨行殊志應於小人則受其困焉遇雨若濡有恨而无所咎也象曰君子夬夬終无咎也九四臀无膚其行次且牽羊悔亡聞言不信下剛而進非已所據必見侵食失其所安故臀无膚其行次且也羊者抵很難移之物謂五也五爲夬主非下所侵若牽於五則可得悔亡而已剛亢不能納言自任所處聞言不信以斯而行凶可知矣象曰其行次且位不當也聞言不信聰不明也同於噬嗑滅耳之凶九五莧陸夬夬中行无咎莧陸草之柔脆者也決之至易故曰夬夬也夬之爲義以剛決柔以君子除小人者也而五處尊位最比小人躬自決者也以至尊而敵至賤雖其克勝未足多也處中而行足以免咎而已未足光也象曰中行无咎中未光也

上六无號終有凶處夬之極小人在上君子道長衆所共棄故非號咷所能延也象曰无號之凶終不可長也

☰☴巽下乾上姤女壯勿用取女彖曰姤遇也柔遇剛也施之於人即女遇男也一女而遇五男爲壯至甚故不可取也勿用取女不可與長也天地相遇品物咸章也正乃功成也剛遇中正天下大行也化乃大行也姤之時義大矣哉凡言義者不盡於所見中有意謂者也象曰天下有風姤后以施命誥四方初六繫于金柅貞吉有攸往見凶羸豕孚蹢躅金者堅剛之物柅者制動之主謂九四也初六處遇之始以一柔而承五剛體夫躁質得遇而通散而无主自縱者也柔之爲物不可以不牽臣妾之道不可以不貞故必繫于正應乃得貞吉也若不牽于一而有攸往則唯凶是見矣羸豕謂牝豕也羣豕之中豭強而牝弱故謂之羸豕也孚猶務躁也夫陰質而躁恣者羸豕特甚焉言以不貞之陰失其所牽其爲淫醜若羸豕之孚務蹢躅也象曰繫于金柅柔道牽也九二包有魚无咎不利賓初陰而窮下故稱魚不正之陰處遇之始不能逆近者也初自樂來應己之廚非爲犯奪故无咎也擅人之物以爲己惠義所不爲故不利賓也象曰包有魚

義不及賓也九三臀无膚其行次且厲无大咎處下體之極而二據於初不爲已乘居不獲安行无其應不能牽據以固所處故曰臀无膚其行次且也然履得其位非爲妄處不遇其時故使危厲災非已招是以无大咎也象曰其行次且行未牽也九四包无魚起凶二有其魚故失之也无民而動失應而作是以凶也象曰无魚之凶遠民也九五以杞包瓜含章有隕自天杞之爲物生於肥地者也包瓜爲物繫而不食者也九五履得尊位而不遇其應得地而不食含章而未發不遇其應命未流行然處得其所體剛居中志不舍命不可傾隕故曰有隕自天也象曰九五含章中正也有隕自天志不舍命也上九姤其角吝无咎進之於極无所復遇遇角而已故曰姤其角也進而无遇獨恨而已不與物爭其道不害故无凶咎也象曰姤其角上窮吝也

䷬坤下兑上萃亨聚乃通也王假有廟假至也王以聚至有廟也利見大人亨利貞聚得大人乃得通而利正也用大牲吉全夫聚道用大牲乃吉也聚道不全而用大牲神不福也利有攸往

彖曰萃聚也順以說剛中而應故聚也但順而說則邪佞之道也剛而違於中應則強亢之德也何由得聚順說而以剛爲主主剛而履中履中以應故得聚也王假有廟致孝享也全聚乃得

致孝之享也 利見大人亨聚以正也 大人體中正者也通聚以正聚乃得全也 用大牲吉利有攸往順天命也 順以說而不損剛順天命者也天德剛而不違中順天則說而以剛爲主也 觀其所聚而天地萬物之情可見矣 方以類聚物以羣分情同而後乃聚氣合而後乃羣 象曰澤上於地萃君子以除戎器戒不虞 聚而无防則衆生心 初六有孚不終乃亂乃萃若號一握爲笑勿恤往无咎 有應在四而三承之心懷嫌疑故有孚不終也不能守道以結至好迷務競爭故乃亂乃萃也一握者小之貌也爲笑者懦劣之貌也已爲正妃三以近寵若安夫卑退謙以自牧則勿恤而往无咎也 象曰乃亂乃萃其志亂也六二引吉无咎孚乃利用禴 居萃之時體柔當位處坤之中己獨處正與衆相殊異操而聚民之多僻獨正者危未能變體以遠於害故必見引然後乃吉而无咎也禴殷春祭名也四時祭之省者也居聚之時處於中正而行以忠信故可以省薄薦於鬼神也 象曰引吉无咎中未變也六三萃如嗟如无攸利往无咎小吝 履非其位以比於四四亦失位不正相聚相聚不正患所生也于人之應害所起也故萃如嗟如无攸利也上六亦无應而獨立處極而憂危思援而求朋巽以待物者也與其萃於不正不若之於同志故可以往而无咎也二陰相合猶不若一陰一陽之至

故有小吝也象曰往无咎上巽也九四大吉无咎履非其位而下據三陰得其所據失其所處處聚之時不正而據故必大吉立夫大功然後无咎也象曰大吉无咎位不當也九五萃有位无咎匪孚元永貞悔亡處聚之時最得盛位故曰萃有位也四專而據已德不行自守而已故曰无咎匪孚夫脩仁守正久必悔消故曰元永貞悔亡象曰萃有位志未光也上六齎咨涕洟无咎處聚之時居於上極五非所乘内无應援處上獨立近遠无助危莫甚焉齎咨嗟歎之辭也若能知危之至懼禍之深憂病之甚至于涕洟不敢自安亦衆所不害故得无咎也象曰齎咨涕洟未安上也

䷭巽下坤上升元亨用見大人勿恤巽順可以升陽爻不當尊位无嚴剛之正則未免於憂故用見大人乃勿恤也南征吉以柔之南則麗乎大明也彖曰柔以時升柔以其時乃得升也巽而順剛中而應是以大亨純柔則不能自升剛亢則物不從既以時升又巽而順剛中而應以此而升故得大亨用見大人勿恤有慶也南征吉志行也巽順以升至于大明志行之謂也象曰地中生木升君子以順德積小以高大初六允升大吉允當也巽

卦三爻皆升者也雖无其應處升之初與九二九三合志俱升當升之時升必大得是以大吉也象曰允升大吉上合志也九二孚乃利用禴无咎與五爲應往必見任體夫剛德進不求寵閑邪存誠志在大業故乃利用納約于神明矣象曰九二之孚有喜也九三升虛邑履得其位以陽升陰以斯而舉莫之違距故若升虛邑也象曰升虛邑无所疑也往必得也六四王用亨于岐山吉无咎處升之際下升而進可納而不可距也距下之進攘來自專則殃咎至焉若能不距而納順物之情以通庶志則得吉而无咎矣岐山之會順事之情无不納也象曰王用亨于岐山順事也六五貞吉升階升得尊位體柔而應納而不距任而不專故得貞吉升階而尊也象曰貞吉升階大得志也上六冥升利于不息之貞處升之極進而不息者也進而不息故雖冥猶升也故施於不息之正則可用於爲物之主則喪矣終於不息消之道也象曰冥升在上消不富也勞不可久也

䷮坎下兌上困亨窮必通也處窮而不能自通者小人也貞大人吉无咎處困而得无咎吉乃免也有言不信彖曰困剛揜也剛見揜於柔也險以說困而不失其所亨處險

而不改其說困而不失其所亨也其唯君子乎貞大人吉以剛中也處困而用剛不失其中履正而能體大者也能正而不能大博未能濟困者也故曰貞大人吉也有言不信尚口乃窮也處困而言不見信之時也非行言之時而欲用言以免必窮者也其吉在於貞大人口何爲乎象曰澤无水困君子以致命遂志澤无水則水在澤下水在澤下困之象也處困而屈其志者小人也君子固窮道可忘乎

初六臀困于株木入于幽谷三歲不覿最處底下沈滯卑困居无所安故曰臀困于株木也欲之其應二隔其路居則困于株木進不獲拯必隱遯者也故曰入于幽谷也困之爲道不過數歲者也以困而藏困解乃出故曰三歲不覿也象曰入于幽谷幽不明也言幽者不明之辭也入于不明以自藏也

九二困于酒食朱紱方來利用亨祀征凶无咎以陽居陰尚謙者也居困之時處得其中體夫剛質而用中履謙應不在一心无所私盛莫先焉夫謙以待物物之所歸剛以處險難之所濟履中則不失其宜无應則心无私恃以斯處困物莫不至不勝豐衍故曰困于酒食美之至矣坎北方之卦也朱紱南方之物也處困以斯能招異方者也故曰朱紱方來也豐衍盈盛故利用亨祀盈而又進傾之道也以此而征凶誰咎乎故曰征凶无咎象曰困于酒食中有慶也

六三困于石據于蒺蔾入于其宫不見其妻凶

石之爲物堅而不納者也謂四也三以陰居陽志武者也四自納初不受己者二非所據剛非所乘上比困石下據蒺蔾无應而入焉得配耦在困處斯凶其宜也象曰據于蒺蔾乘剛也入于其宮不見其妻不祥也九四來徐徐困于金車吝有終金車謂二也二剛以載者也故謂之金車徐徐者疑懼之辭也志在於初而隔於二履不當位威命不行棄之則不能欲往則畏二故曰來徐徐困于金卓也有應而不能濟之故曰吝也然以陽居陰履謙之道量力而處不與二爭雖不當位物終與之故曰有終也象曰來徐徐志在下也下謂初也雖不當位有與也九五劓刖困于赤紱乃徐有說利用祭祀以陽居陽任其壯者也不能以謙致物物則不附忿物不附而用其壯猛行其威刑異方愈乖遐邇愈叛刑之欲以得乃益所以失也故曰劓刖困于赤紱也二以謙得之五以剛失之體在中直能不遂迷困而後能用其道者也致物之功不在於暴故曰徐也困而後乃徐徐則有說矣故曰困于赤紱乃徐有說也祭祀所以受福也履夫尊位困而能改不遂其迷以斯祭祀必得福焉故曰利用祭祀也象曰劓刖志未得也乃徐有說以中直也利用祭祀受福也上六困于葛藟于臲卼曰動悔有悔征吉居困之極而乘於剛下无其應行則愈繞者也行則纏繞居不獲安故曰困于葛藟于臲卼也下句无困因於上也處困之極

行无通路居无所安困之至也凡物窮則思變困則謀通處至困之地用謀之時也曰者思謀之辭也謀之所行有隟則獲言將何以通至困乎曰動悔令生有悔以征則濟矣故曰動悔有悔征吉也**象曰困于葛藟未當也**處所未當故致此困也**動悔有悔吉行也**

䷯巽下坎上**井改邑不改井**井以不變爲德者也**无喪无得**德有常也**往來井井**不渝變也**汔至亦未繘井**已來至而未出井也**羸其缾凶**井道以已出爲功也幾至而覆與未汲同也

彖曰巽乎水而上水井音奉上之上**井養而不窮也改邑不改井乃以剛中也**以剛處中故能定居其所而不變也**汔至亦未繘井未有功也**井以已成爲功**羸其缾是以凶也**

象曰木上有水井君子以勞民勸相木上有水井之象也上水以養養而不窮者也相猶助也可以勞民勸助莫若養而不窮也

初六井泥不食舊井无禽最在井底上又无應沈滯滓穢故曰井泥不食也井泥而不可食則是久井不見渫治者也久井不見渫治禽所不嚮而況人乎一時所共棄舍也井者不變之物居德之地恒德至賤物无取也**象曰井泥不食下也舊井无禽時舍也**

九二井谷射鮒甕敝漏谿谷出水從上注下水常射焉井之爲道以下給上

者也而无應於上反下與初故曰井谷射鮒鮒謂初也失井之道水不上出而反下注故曰甕敝漏也夫處上宜下處下宜上井已下矣而復下注其道不交則莫之與也象曰井谷射鮒无與也九三井渫不食爲我心惻可用汲王明並受其福渫不停污之謂也處下卦之上履得其位而應於上得井之義也當井之義而不見食脩已全絜而不見用故爲我心惻也爲猶使也不下注而應上故可用汲也王明則見照明旣嘉其行又欽其用故曰王明並受其福也象曰井渫不食行惻也行感於誠故曰惻也求王明受福也六四井甃无咎得位而无應自守而不能給上可以脩井之壞補過而已象曰井甃无咎脩井也九五井洌寒泉食洌絜也居中得位體剛不橈不食不義中正高絜故井洌寒泉然後乃食也象曰寒泉之食中正也上六井收勿幕有孚元吉處井上極水已出井井功大成在此爻矣故曰井收也羣下仰之以濟淵泉由之以通者也幕猶覆也不擅其有不私其利則物歸之往无窮矣故曰勿幕有孚元吉也象曰元吉在上大成也

䷰離下兌上革巳日乃孚元亨利貞悔亡夫民可與習常難與適變可與樂成難與慮始故革之爲道即日不孚巳日乃孚也孚然後乃得元亨利貞悔亡也巳日而不孚革不當也悔吝之所生生乎變動者也革而當其

悔乃亡也彖曰革水火相息二女同居其志不相得曰革凡不合而後乃變生變之所生生於不合者也故取不合之象以爲革也息者生變之謂也火欲上而澤欲下水火相戰而後生變者也二女同居而有水火之性近而不相得也巳日乃孚革而信之文明以説大亨以正革而當其悔乃亡夫所以得革而信者文明以説也文明以説履正而行以斯爲革應天順民大亨以正者也革而大亨以正非當如何天地革而四時成湯武革命順乎天而應乎人革之時大矣哉象曰澤中有火革君子以治歷明時歷數時會存乎變也初九鞏用黃牛之革在革之始革道未成固夫常中未能應變者也此可以守成不可以有爲也鞏固也黃中也牛之革堅仞不可變也固之所用常中堅仞不肯變也象曰鞏用黃牛不可以有爲也六二巳日乃革之征吉无咎陰之爲物不能先唱順從者也不能自革革巳乃能從之故曰巳日乃革之也二與五雖有水火殊體之異同處厥中陰陽相應往必合志不憂咎也是以征吉而无咎象曰巳日革之行有嘉也九三征凶貞厲革言三就有孚巳處火極上卦三爻雖體水性皆從革者也自四至上從命而變不敢有違故曰革言三就其言實誠故曰有孚革言三就有孚而猶征之凶其宜也象曰革言

三就又何之矣九四悔亡有孚改命吉初九處下卦之下九四處上卦之下故能變也无應悔也與水火相比能變者也是以悔亡處水火之際居會變之始能不固吝不疑於下信志改命不失時願是以吉也有孚則見信矣見信以改命則物安而无違故曰悔亡有孚改命吉也處上體之下始宣命也象曰改命之吉信志也信志而行九五大人虎變未占有孚未占而孚合時心也象曰大人虎變其文炳也上六君子豹變小人革面居變之終變道已成君子處之能成其文小人樂成則變面以順上也征凶居貞吉改命創制變道已成功成則事損事損則无爲故居則得正而吉征則躁擾而凶也象曰君子豹變其文蔚也小人革面順以從君也

䷱巽下離上鼎元吉亨革去故而鼎取新取新而當其人易故而法制齊明吉然後乃亨故先元吉而後亨也鼎者成變之卦也革既變矣則制器立法以成之焉變而无制亂可待也法制應時然後乃吉賢愚有別尊卑有序然後乃亨故先元吉而後乃亨彖曰鼎象也法象也以木巽火亨飪也亨飪鼎之用也聖人亨以享上帝而大亨以養聖賢亨者鼎之所爲也革去故而鼎成新故爲亨飪調和之器也去故取新聖賢不可失也飪熟也天下莫不用之而聖人用之乃上以享上帝而下以大亨養聖賢也巽而耳目聰明

聖賢獲養則已不爲而成矣故巽而耳目聰明也柔進而上行得中而應乎剛是以元亨謂五也有斯二德故能成新獲大亨也象曰木上有火鼎君子以正位凝命凝者嚴整之貌也鼎者取新成變者也革去故而鼎成新正位者明尊卑之序也凝命者以成教命之嚴也初六鼎顛趾利出否得妾以其子无咎凡陽爲實而陰爲虛鼎之爲物下實而上虛而今陰在下則是爲覆鼎也鼎覆則趾倒矣否謂不善之物也取妾以爲室主亦顛趾之義也處鼎之初將在納新施顛以出穢得妾以爲子故无咎也象曰鼎顛趾未悖也倒以寫否故未悖也利出否以從貴也棄穢以納新也九二鼎有實我仇有疾不我能即吉以陽之質處鼎之中有實者也有實之物不可復加益之則溢反傷其實我仇謂五也困於乘剛之疾不能就我則我不溢得全其吉也象曰鼎有實慎所之也有實之鼎不可復有所取才任已極不可復有所加我仇有疾終无尤也九三鼎耳革其行塞雉膏不食方雨虧悔終吉鼎之爲義虛中以待物者也而三處下體之上以陽居陽守實无應无所納受耳宜空以待鉉而反全其實塞故曰鼎耳革其行塞雖有雉膏而終不能食也雨者陰陽交和不偏亢者也雖體陽爻而統屬陰卦若不全任剛亢務在和通方雨則悔虧終則吉也象曰鼎耳革失其義也九

四鼎折足覆公餗其形渥凶處上體之下而又應初既承且施非己所堪故曰鼎折足也初已出否至四所盛則已絜矣故曰覆公餗也渥沾濡之貌也既覆公餗體為渥沾知小謀大不堪其任受其至辱災及其身故曰其形渥凶也象曰覆公餗信如何也不量其力果致凶災信如之何六五鼎黃耳金鉉利貞居中以柔能以通理納乎剛正故曰黃耳金鉉利貞也耳黃則能納剛正以自舉也象曰鼎黃耳中以為實也以中為實所受不安也上九鼎玉鉉大吉无不利處鼎之終鼎道之成也居鼎之成體剛履柔用勁施鉉以斯處上高不誠亢得夫剛柔之節能舉其任者也應不在一則靡所不舉故曰大吉无不利也

象曰玉鉉在上剛柔節也

䷲震下震上震亨懼以成則是以亨震來虩虩笑言啞啞震之為義威至而後乃懼也故曰震來虩虩恐懼之貌也震者驚駭怠惰以肅懈慢者也故震來虩虩恐致福也笑言啞啞後有則也震驚百里不喪匕鬯威震驚乎百里則足可以不喪匕鬯矣匕所以載鼎實鬯香酒奉宗廟之盛也彖曰震亨震來虩虩恐致福也笑言啞啞後有則也震驚百里驚遠而懼邇也威震驚乎百里則惰者懼於近矣出可以守宗廟社稷以為祭主也明所以堪長子之義

也不喪匕鬯則已出可以守宗廟象曰洊雷震君子以恐懼脩省初九震來虩

虩後笑言啞啞吉體夫剛德爲卦之先能以恐懼脩其德也象曰震來虩虩恐致福

也笑言啞啞後有則也六二震來厲億喪貝躋于九陵勿逐七

日得震之爲義威駭怠懈肅整惰慢者也初幹其任而二乘之震來則危喪其資貨亡其所處矣故曰震來厲億喪貝億

辭也貝資貨糧用之屬也犯逆受戮无應而行行无所舍威嚴大行物莫之納无糧而走雖復超越陵險必困于窮匱不過七

日故曰勿逐七日得也象曰震來厲乘剛也六三震蘇蘇震行无眚不當其位

位非所處故懼蘇蘇也而无乘剛之逆故可以懼行而无眚也象曰震蘇蘇位不當也九四震

遂泥處四陰之中居恐懼之時爲衆陰之主宜勇其身以安於衆若其震也遂困難矣履夫不正不能除恐使物安已德

未光也象曰震遂泥未光也六五震往來厲億无喪有事往則无應來則

乘剛恐而往來不免於危夫處震之時而得尊位斯乃有事之機也而懼往來將喪其事故曰億无喪有事也象曰震

往來厲危行也其事在中大无喪也大則无喪往來乃危也上六震索索

視矍矍征凶震不于其躬于其鄰无咎婚媾有言處震之極極震者也居震

之極求中未得故懼而索索視而矍矍无所安親也已處動極而復征焉凶其宜也若恐非已造彼動故懼懼鄰而戒合於備豫故无咎也極懼相疑故雖婚媾而有言也象曰震索索中未得也雖凶无咎畏鄰戒也

䷳艮下艮上艮其背目无患也不獲其身所止在後故不得其身也行其庭不見其人相背故也无咎凡物對面而不相通否之道也艮者止而不相交通之卦也各止而不相與何得无咎唯不相見乃可也施止於背不隣物欲得其所止也背者无見之物也无見則自然靜止靜止而无見則不獲其身矣相背者雖近而不相見故行其庭不見其人也夫施止不於无見令物自然而止而強止之則姦邪並興近而不相得則凶其得无咎艮其背不獲其身行其庭不見其人故也彖曰艮止也時止則止時行則行動靜不失其時其道光明止道不可常用必施於不可以行適於其時道乃光明也艮其止止其所也易背曰止以明背即止也施止不可於面施背乃可也施止於止不施止於行得其所矣故曰艮其止止其所也上下敵應不相與也是以不獲其身行其庭不見其人无咎也象曰兼山艮君子以思不出其位各止其所不侵言也初六艮其趾无咎利永貞處止

之初行无所之故止其趾乃得无咎至靜而定故利永貞象曰艮其趾未失正也六二艮其腓不拯其隨其心不快隨謂趾也止其腓故其趾不拯也腓體躁而處止而不得拯其隨又不能退聽安靜故其心不快也象曰不拯其隨未退聽也九三艮其限列其夤厲薰心限身之中也三當兩象之中故曰艮其限夤當中脊之肉也止加其身中體而分故列其夤而憂危薰心也艮之為義各止於其所上下不相與至中則列矣列加其夤危莫甚焉危亡之憂乃薰灼其心也施止體中其體分焉體分兩主大器喪矣象曰艮其限危薰心也六四艮其身无咎中上稱身履德其位止求諸身得其所處故不陷於咎也象曰艮其身止諸躬也自止其躬不分全體六五艮其輔言有序悔亡施止於輔以處於中故口无擇言能亡其悔也象曰艮其輔以中正也能用中正故言有序也上九敦艮吉居止之極極止者也敦重在上不陷非妄宜其吉也象曰敦艮之吉以厚終也

䷴艮下巽上漸女歸吉利貞漸者漸進之卦也止而巽以斯適進漸進者也以止巽為進故女歸吉也進而用正故利貞也彖曰漸之進也之於進也女歸吉也進得位往有功也進以

正可以正邦也其位剛得中也以漸進得位也止而巽動不窮也象曰山上有木漸君子以居賢德善俗賢德以止巽則居風俗以止巽乃善初六鴻漸于干小子厲有言无咎鴻水鳥也適進之義始於下而升者也故以鴻爲喻六爻皆以進而履之爲義焉始進而位乎窮下又无其應若履于干危不可以安也始進而未得其位則困於小子窮於謗言故曰小子厲有言也困於小子讒諛之言未傷君子之義故曰无咎也象曰小子之厲義无咎也六二鴻漸于磐飲食衎衎吉磐山石之安者也進而得位居中而應本无祿養進而得之其爲歡樂願莫先焉象曰飲食衎衎不素飽也九三鴻漸于陸夫征不復婦孕不育凶利禦寇陸高之頂也進而之陸與四相得不能復反者也夫征不復樂於邪配則婦亦不能執貞矣非夫而孕故不育也三本艮體而棄乎羣醜與四相得遂乃不反至使婦孕不育見利忘義貪進忘舊凶之道也異體合好順而相保物莫能間故利禦寇也象曰夫征不復離羣醜也婦孕不育失其道也利用禦寇順相保也六四鴻漸于木或得其桷无咎鳥而之木得其宜也或得其桷遇安棲也雖乘于剛志相得也象曰或得其桷順以巽也九五鴻漸于陵婦三歲不

孕終莫之勝吉陵次陸者也進得中位而隔乎三四不得與其應合故婦三歲不孕也各履正而居中三四不能久塞其塗者也不過三歲必得所願矣進以正邦三年有成成則道濟故不過三歲也象曰終莫之勝吉得所願也上九鴻漸于陸其羽可用爲儀吉進處高絜不累於位无物可以屈其心而亂其志峨峨清遠儀可貴也故曰其羽可用爲儀吉象曰其羽可用爲儀吉不可亂也

䷵兌下震上歸妹征凶无攸利妹者少女之稱也兌爲少陰震爲長陽少陰而承長陽說以動嫁妹之象也象曰歸妹天地之大義也天地不交而萬物不興歸妹人之終始也陰陽既合長少又交天地之大義人倫之終始說以動所歸妹也少女而與長男交少女所不樂也而今說以動所歸必妹也雖與長男交嫁而係娣是以說也征凶位不當也履於不正說動以進妖邪之道也无攸利柔乘剛也以征則有不正之凶以處則有乘剛之逆象曰澤上有雷歸妹君子以永終知敝歸妹相終始之道也故以永終知敝初九歸妹以娣跛能履征吉少女而與長男爲耦非敵之謂是娣從之義也妹少女之稱也少女之行善莫若娣夫承嗣以君之子雖幼而不安行少女以娣雖跛能履斯乃恒久之義吉而相承之道也以斯而進吉其宜也象曰歸妹以娣以恒也

跛能履吉相承也九二眇能視利幽人之貞雖失其位而居內處中眇猶能視足以保常也在內履中而能守其常故利幽人之貞也象曰利幽人之貞未變常也六三歸妹以須反歸以娣室主猶存而求進焉進未值時故有須也不可以進故反歸待時以娣乃行也象曰歸妹以須未當也九四歸妹愆期遲歸有時夫以不正无應而適人也必須彼道窮盡无所與交然後乃可以往故愆期遲歸以待時也象曰愆期之志有待而行也六五帝乙歸妹其君之袂不如其娣之袂良月幾望吉歸妹之中獨處貴位故謂之帝乙歸妹也袂衣袖所以爲禮容者也其君之袂謂帝乙所寵也即五也爲帝乙所崇飾故謂之其君之袂也配在九二兌少震長以長從少不若以少從長之爲美也故曰不如其娣之袂良也位在乎中以貴而行極陰之盛以斯適配雖不若少往亦必合故曰月幾望吉也象曰帝乙歸妹不如其娣之袂良也其位在中以貴行也上六女承筐无實士刲羊无血无攸利羊謂三也處卦之窮仰无所承下又无應爲女而承命則筐虛而莫之與爲士而下命則刲羊而无血刲羊而无血不應所命也進退莫與故曰无攸利也象曰上六无實承虛筐也

周易卷第五

周易下經豐傳第六

王弼注

☲ 離下 震上 豐亨王假之大而亨者王之所至勿憂宜日中豐之爲義闡弘微細通夫隱滯者也爲天下之主而令微隱者不亨憂未已也故至豐亨乃得勿憂也用夫豐亨不憂之德宜處天中以徧照者也故曰宜日中也彖曰豐大也音闡大之大也明以動故豐王假之尚大也大者王之所尚故至之也勿憂宜日中宜照天下也以勿憂之德故宜照天下也日中則昃月盈則食天地盈虛與時消息而況於人乎況於鬼神乎豐之爲用困於昃食者也施於未足則尚豐施於已盈則方溢不可以爲常故曰陳消息之道者也象曰雷電皆至豐君子以折獄致刑文明以動不失情理也初九遇其配主雖旬无咎往有尚處豐之初其配在四以陽適陽以明之動能相光大者也旬均也雖均无咎往有尚也初四俱陽爻故曰均也象曰雖旬无咎過旬災也過均則爭交斯叛也六二豐其蔀日中見斗往得疑疾有孚發若吉蔀覆曖鄣光明之物也處明動之時不能自豐以光大之德既處乎內而又以陰居陰所豐在蔀幽而无覩者也故

曰豐其蔀日中見斗也日中者明之盛也斗見者闇之極也處盛明而豐其蔀故曰日中見斗不能自發故往得疑疾然履中
當位處闇不邪有孚者也若𧗽也有孚可以發其志不困於闇故獲吉也象曰有孚發若信以發志
也九三豐其沛日中見沬折其右肱无咎沛幡幔所以禦盛光也沬微昧之明也應
在上六志在乎陰雖愈乎以陰處陰亦未足以免於闇也所豐在沛日中見沬之謂也施明則見沬而已施用則折其右肱故
可以自守而已未足用也象曰豐其沛不可大事也明不足也折其右肱終不可
用也雖有左在不足用也九四豐其蔀日中見斗遇其夷主吉以陽居陰豐其蔀也
得初以發夷主吉也象曰豐其蔀位不當也日中見斗幽不明也遇其夷
主吉行也六五來章有慶譽吉以陰之質來適尊陽之位能自光大章顯其德獲慶譽也象
曰六五之吉有慶也上六豐其屋蔀其家闚其戶闃其无人三
歲不覿凶屋藏蔭之物以陰處極而最在外不履於位深自幽隱絕跡深藏者也既豐其屋又蔀其家屋厚家覆闇
之甚也雖闚其戶闃其无人棄其所處而自深藏者也處於明動尚大之時而深自幽隱以高其行大道既濟而猶不見隱不
爲賢更爲反道凶其宜也三年豐道之成治道未濟隱猶可也既濟而隱以治爲亂也象曰豐其屋天際

翔也翳光最甚者也闚其戶闃其无人自藏也可以出而不出自藏之謂也非有爲而藏不出戶庭失時致凶况自藏乎凶其宜也

䷷艮下離上旅小亨旅貞吉不足全夫貞吉之道唯足以爲旅之貞吉故特重曰旅貞吉也彖曰旅小亨柔得中乎外而順乎剛止而麗乎明是以小亨旅貞吉也夫物失其主則散柔乘於剛則乖既乖且散物皆羇旅何由得小亨而貞吉乎夫陽爲物長而陰皆順陽唯六五乘剛而復得中乎外以承于上陰各順陽不爲乖逆止而麗明動不履妄雖不及剛得尊位恢弘大通足以小亨令附旅者不失其正得其所安也旅之時義大矣哉旅者大散物皆失其所居之時也咸失其居物願所附豈非知者有爲之時象曰山上有火旅君子以明慎用刑而不留獄止以明之刑戮詳也初六旅瑣瑣斯其所取災最處下極寄旅不得所安而爲斯賤之役所取致災志窮且困象曰旅瑣瑣志窮災也六二旅即次懷其資得童僕貞次者可以安行旅之地也懷來也得位居中體柔奉上以此寄旅必獲次舍懷來資貨得童僕之所正也旅不可以處盛故其美盡於童僕之正也過斯以往則見害矣童僕之正義足而已象曰得童僕貞終无尤也九三旅焚其次喪其童

僕貞厲居下體之上與二相得以寄旅之身而爲施下之道與萌侵權主之所疑也故次焚僕喪而身危也象曰旅焚其次亦以傷矣以旅與下其義喪也九四旅于處得其資斧我心不快斧所以斫除荆棘以安其舍者也雖處上體之下不先於物然而不得其位不獲平坦之地客于所處不得其次而得其資斧之地故其心不快也象曰旅于處未得位也得其資斧心未快也六五射雉一矢亡終以譽命射雉以一矢而復亡之明雖有雉終不可得矣寄旅而進雖處于文明之中居于貴位此位終不可有也以其能知禍之萌不安其處以乘其下而上承於上故終以譽而見命也象曰終以譽命上逮也上九鳥焚其巢旅人先笑後號咷喪牛于易凶居高危而以爲宅巢之謂也客而得上位故先笑也以旅而處于上極衆之所嫉也以不親之身而當嫉害之地必凶之道也故曰後號咷牛者稼穡之資以旅處上衆所同嫉故喪牛于易不在於難物莫之與危而不扶喪牛于易故莫之聞莫之聞則傷之者至矣象曰以旅在上其義焚也喪牛于易終莫之聞也

䷸巽下巽上巽小亨全以巽爲德是以小亨也上下皆巽不違其令命乃行也故申命行事之時上下不可以不巽也利有攸往巽悌以行物无距也利見大人大人用之道愈隆彖曰重巽以申命

命乃行也未有不巽而命行也剛巽乎中正而志行以剛而能用巽處于中正物所與也柔皆順乎剛明无違逆故得小亨是以小亨利有攸往利見大人象曰隨風巽君子以申命行事初六進退利武人之貞處令之初未能服令者也故進退也成命齊邪莫善武人故利武人之貞以整之象曰進退志疑也巽順之志進退疑懼利武人之貞志治也九二巽在牀下用史巫紛若吉无咎處巽之中既在下位而復以陽居陰卑巽之甚故曰巽在牀下也卑甚失正則入于咎過矣能以居中而施至卑於神祇而不用之於威勢則乃至于紛若之吉而亡其過矣故曰用史巫紛若吉无咎也象曰紛若之吉得中也九三頻巽吝頻頻蹙不樂而窮不得已之謂也以其剛正而爲四所乘志窮而巽是以吝也象曰頻巽之吝志窮也六四悔亡田獲三品乘剛悔也然得位承五卑得所奉雖以柔御剛而依尊履正以斯行命必能獲強暴遠不仁者也獲而有益莫善三品故曰悔亡田獲三品一曰乾豆二曰賓客三曰充君之庖象曰田獲三品有功也九五貞吉悔亡无不利无初有終先庚三日後庚三日吉以陽居陽損於謙巽然秉乎中正以宣其令物莫之違故曰貞吉悔亡无不利也化不以漸卒以剛直用加於物故初皆不說也終於中

正邪道以消故有終也申命令謂之庚夫以正齊物不可卒也民迷固久直不可肆也故先申三日令著之後復申三日然後誅而无咎怨矣甲庚皆申命之謂也象曰九五之吉位正中也上九巽在牀下喪其資斧貞凶處巽之極極巽過甚故曰巽在牀下也斧所以斷者也過巽失正喪所以斷故曰喪其資斧貞凶也象曰巽在牀下上窮也喪其資斧正乎凶也

☱兌下兌上兌亨利貞彖曰兌說也剛中而柔外說以利貞說而違剛則諂剛而違說則暴剛中而柔外所以說以利貞也剛中故利貞柔外故說亨是以順乎天而應乎人天剛而不失說者也說以先民民忘其勞說以犯難民忘其死說之大民勸矣哉象曰麗澤兌君子以朋友講習麗猶連也施說之盛莫盛於此初九和兌吉居兌之初應不在一无所黨係和兌之謂也說不在諂履斯而行未見有疑之者吉其宜矣象曰和兌之吉行未疑也九二孚兌吉悔亡說不失中有孚者也失位而說孚吉乃悔亡也象曰孚兌之吉信志也其志信也六三來兌凶以陰柔之質履非其位來求說者也非正而求說邪佞者也象曰來兌之凶位不當也九四商兌未寧介疾有喜商商量裁制之

謂也介隔也三爲佞說將近至尊故四以剛德裁而隔之匪內制外是以未寧也處於幾近閑邪介疾宜其有喜也象曰九四之喜有慶也九五孚于剥有厲比於上六而與相得處尊正之位不說信乎陽而說信乎陰孚于剥之義也剥之爲義小人道長之謂象曰孚于剥位正當也以正當之位信於小人而踈君子故曰位正當也上六引兑以夫陰質最處說後靜退者也故必見引然後乃說也象曰上六引兑未光也

䷺坎下巽上渙亨王假有廟利涉大川利貞彖曰渙亨剛來而不窮柔得位乎外而上同二以剛來居內而不窮於險四以柔得位乎外而與上同內剛而无險困之難外順而无違逆之乖是以亨利涉大川利貞也凡剛得暢而无忌回之累柔履正而同志乎剛則皆亨利涉大川利貞也王假有廟王乃在中也王乃在乎渙然之中故至有廟也利涉大川乘木有功也乘木即涉難也木者專所以涉川也涉難而常用渙道必有功也象曰風行水上渙先王以享于帝立廟初六用拯馬壯吉渙散也處散之初乖散未甚故可以遊行得其志而違於難也不在危劇而後乃逃竄故曰用拯馬壯吉象曰初六之吉順也觀難而行不與險爭故曰順也九二渙奔

其机悔亡。机承物者也，謂初也。二俱无應，與初相得，而初得散道，離散而奔，得其所安，故悔亡也。象曰：渙奔其机，得願也。六三：渙其躬，无悔。渙之爲義，内險而外安者也。散躬志外，不固所守，與剛合志，故得无悔也。象曰：渙其躬，志在外也。六四：渙其羣，元吉。渙有丘，匪夷所思。踰乎險難，得位體巽，與五合志，内掌機密，外宣化命者也。故能散羣之險，以光其道。然處於卑順，不可自專，而爲散之任，猶有丘墟匪夷之慮，雖得元吉，所思不可忘也。象曰：渙其羣元吉，光大也。九五：渙汗其大號，渙王居，无咎。處尊履正，居巽之中，散汗大號，以盪險阨者也。爲渙之主，唯王居之，乃得无咎也。象曰：王居无咎，正位也。正位不可以假人。上九：渙其血，去逖出，无咎。逖，遠也。最遠於害，不近侵克，散其憂傷，遠出者也。散患於遠害之地，誰將咎之哉。象曰：渙其血，遠害也。

䷻ 兌下坎上。節：亨。苦節不可貞。彖曰：節亨，剛柔分而剛得中。坎陽而兌陰也。陽上而陰下，剛柔分也。剛柔分而不亂，剛得中而爲制主，節之義也。節之大者，莫若剛柔分，男女别也。苦節不可貞，其道窮也。爲節過苦，則物不能堪也。物不能堪，則不可復正也。說以行險，當位以節，中正以通。然後乃亨也。无說而行險，過中而爲節，則道窮也。天地節而四時成，節以制度不傷財不害民象曰澤上有水節君子以制數度議德行初九不出户庭无咎爲節之初將整離散而立制度者也故明於通塞慮於險僞不出户庭愼密不失然後事濟而无咎也象曰不出户庭知通塞也九二不出門庭凶初已造之至二宜宣其制矣而故匿之失時之極則遂廢矣故不出門庭則凶也象曰不出門庭凶失時極也六三不節若則嗟若无咎若辭也以陰處陽以柔乘剛違節之道以至哀嗟自已所致无所怨咎故曰无咎也象曰不節之嗟又誰咎也六四安節亨得位而順不改其節而能亨者也承上以斯得其道也象曰安節之亨承上道也九五甘節吉往有尚當位居中爲節之主不失其中不傷財不害民之謂也爲節而不苦非甘而何術斯以往往有尚也象曰甘節之吉居位中也上六苦節貞凶悔亡過節之中以至亢極苦節者也以斯施正物所不堪正之凶也以斯脩身行在无妄故得悔亡象曰苦節貞凶其道窮也

䷼兌下巽上中孚豚魚吉利涉大川利貞彖曰中孚柔在内而剛得中説而巽孚有上四德然後乃孚乃化邦也信立而後邦乃化也柔在内而剛得中各當其所也剛得

中則直而正柔在内則静而順説而以巽則乖爭不作如此則物无巧競敦實之行著而篤信發乎其中矣豚魚吉信及豚魚也魚者蟲之隱者也豚者獸之微賤者也爭競之道不與中信之德淳著則雖微隱之物信皆及之利涉大川乘木舟虚也乘木於用舟之虚則終已无溺也用中孚以涉難若乘木舟虚也中孚以利貞乃應乎天也盛之至也象曰澤上有風中孚君子以議獄緩死信發於中雖過可亮初九虞吉有它不燕虞猶專也爲信之始而應在四得乎專吉者也志未能變繫心於一故有它不燕也象曰初九虞吉志未變也九二鳴鶴在陰其子和之我有好爵吾與爾靡之處内而居重陰之下而履不失中不徇於外任其眞者也立誠篤至雖在闇昧物亦應焉故曰鳴鶴在陰其子和之也不私權利唯德是與誠之至也故曰我有好爵與物散之象曰其子和之中心願也六三得敵或鼓或罷或泣或歌三居少陰之上四居長陰之下對而不相比敵之謂也以陰居陽欲進者也欲進而閡敵故或鼓也四履正而承五非己所克故或罷也不勝而退懼見侵陵故或泣也四履乎順不與物校退而不見害故或歌也不量其力進退无恒憊可知也象曰或鼓或罷位不當也六四月幾望馬匹亡无咎居中孚之時處巽之始應説之初居正履順以承於五内

朏元首外宣德化者也充乎陰德之盛故曰月幾望馬匹亡者棄羣類也若夫居盛德之位而與物校其競爭則失其所盛矣故曰絕類而上履正承尊不與三爭乃得无咎也象曰馬匹亡絕類上也類謂三俱陰爻故曰類也

九五有孚攣如无咎攣如者繫其信之辭也處中誠以相交之時居尊位以爲羣物之主信何可舍故有孚攣如乃得无咎也象曰有孚攣如位正當也

上九翰音登于天貞凶翰高飛也飛音者音飛而實不從之謂也居卦之上處信之終信終則衰忠篤內喪華美外揚故曰翰音登于天也翰音登天正亦滅矣象曰翰音登于天何可長也

䷽艮下震上小過亨利貞可小事不可大事飛鳥遺之音不宜上宜下大吉飛鳥遺其音聲哀以求處上愈无所適下則得安愈上則愈窮莫若飛鳥也彖曰小過小者過而亨也小者謂凡諸小事也過於小事而通者也過以利貞與時行也過而得以利貞應時宜也施過於恭儉利貞者也柔得中是以小事吉也剛失位而不中是以不可大事也成大事者必在剛也柔而浸大剥之道也有飛鳥之象焉不宜上宜下即飛鳥之象飛鳥遺之音不宜上宜下大吉上逆而下順也上則乘剛逆也下則承陽順也施過

於不順凶莫大焉施過於順過更變而爲吉也象曰山上有雷小過君子以行過乎恭喪過乎哀用過乎儉初六飛鳥以凶小過上逆下順而應在上卦進而之逆无所錯足飛鳥之凶也象曰飛鳥以凶不可如何也六二過其祖遇其妣不及其君遇其臣无咎過而得之謂之遇在小過而當位過而得之之謂也祖始也謂初也妣者居内履中而正者也過初而履二位故曰過其祖而遇其妣過而不至於僭盡於臣位而已故曰不及其君遇其臣无咎象曰不及其君臣不可過也九三弗過防之從或戕之凶小過之世大者不立故令小者得過也居下體之上以陽當位而不能先過防之至令小者咸過而復應而從焉其從之也則戕之凶至矣故曰弗過防之從或戕之凶也象曰從或戕之凶如何也九四无咎弗過遇之往厲必戒勿用永貞雖體陽爻而不居其位不爲責主故得无咎也失位在下不能過者也以其不能過故得合於无咎之宜故曰弗過遇之夫宴安酖毒不可懷也處於小過不寧之時而以陽居陰不能有所爲者也以此自守免咎可也以斯攸往危之道也不交於物物亦弗與无援之助故危則必戒而已无所告救也沈没怯弱自守而已以斯而處於羣小之中未足任者也故曰勿用永貞言不足用之於永貞象曰弗過遇之位不當也往厲必戒終不

可長也六五密雲不雨自我西郊公弋取彼在穴小過者小者過於大也六得五位陰之盛也故密雲不雨至于西郊也夫雨者陰布於上而陽薄之而不得通則烝而為雨今艮止於下而不交焉故不雨也是故小畜尚往而亨則不雨也小過陽不上交亦不雨也雖陰盛于上未能行其施也公者臣之極也五極陰盛故稱公也弋射也在穴者隱伏之物也小過者過小而難未大作猶在隱伏者也以陰質治小過能獲小過者也故曰公弋取彼在穴也除過之道不在取之足及密雲未能雨也象曰密雲不雨已上也陽已上故止也上六弗遇過之飛鳥離之凶是謂災眚小人之過遂至上極過而不知限至于亢也過至於亢將何所遇飛而不已將何所託災自已致復何言哉象曰弗過遇之已亢也

䷾離下坎上既濟亨小利貞初吉終亂彖曰既濟亨小者亨也既濟者以皆濟為義者也小者不遺乃為皆濟故舉小者以明既濟也利貞剛柔正而位當也剛柔正而位當則邪不可以行矣故唯正乃利貞也初吉柔得中也終止則亂其道窮也柔得中則小者亨也柔不得中則小者未亨小者未亨雖剛得正則為未既濟也故既濟之要在柔得中也以既濟為家者道極无進終唯有亂故曰初吉終亂終亂不為自亂由止故亂故曰終止則亂也象曰水在火上既濟君子以思

患而豫防之存不忘亡既濟不忘未濟也初九曳其輪濡其尾无咎最處既濟之初始濟者也始濟未涉於燥故輪曳而尾濡也雖未造易心无顧戀志棄難者也其於義也无所咎矣象曰曳其輪義无咎也六二婦喪其茀勿逐七日得居中履正處文明之盛而應乎五陰之光盛者也然居初三之閒而近不相得上不承三下不比初夫以光盛之陰處於二陽之閒近而不相得能无見侵乎故曰喪其茀也稱婦者以明自有夫而它人侵之也茀首飾也夫以中道執乎貞正而見侵者衆之所助也處既濟之時不容邪道者也時既明峻衆又助之竊之者逃竄而莫之歸矣量斯勢也不過七日不須己逐而自得也象曰七日得以中道也九三高宗伐鬼方三年克之小人勿用處既濟之時居文明之終履得其位是居衰末而能濟者也故伐鬼方三年乃克也君子處之故能興也小人居之遂喪邦也象曰三年克之憊也六四繻有衣袽終日戒繻宜曰濡衣袽所以塞舟漏也履得其正而近不與三五相得夫有隙之棄舟而得濟者有衣袽也鄰於不親而得全者終日戒也象曰終日戒有所疑也九五東鄰殺牛不如西鄰之禴祭實受其福牛祭之盛者也禴祭之薄者也居既濟之時而處尊位物皆濟矣將何為焉其所務者祭祀而已祭祀之盛莫盛脩德故沼沚之毛蘋蘩之菜可羞於鬼神故黍稷非馨明德惟馨是以東鄰

殺牛不如西鄰之禴祭實受其福也象曰東鄰殺牛不如西鄰之時也在於合時不在於豐也實受其福吉大來也上六濡其首厲處既濟之極既濟道窮則之於未濟之於未濟則首先犯焉過進不已則遇於難故濡其首也將没不久危莫先焉象曰濡其首厲何可久也

䷿坎下離上未濟亨小狐汔濟濡其尾无攸利彖曰未濟亨柔得中也以柔處中不違剛也能納剛健故得亨也小狐汔濟未出中也小狐不能涉大川須汔然後乃能濟處未濟之時必剛健拔難然後乃能濟汔乃能濟未能出險之中濡其尾无攸利不續終也小狐雖能渡而无餘力將濟而濡其尾力竭於斯不能續終險難猶未足以濟也濟未濟者必有餘力也雖不當位剛柔應也位不當故未濟剛柔應故可濟象曰火在水上未濟君子以慎辨物居方辨物居方令物各當其所也初六濡其尾吝處未濟之初最居險下不可以濟者也而欲之其應進則溺身未濟之始始於既濟之上六也濡其首猶不反至于濡其尾不知紀極者也然以陰處下非為進亢遂其志者也困則能反故不曰凶事在已量而必困乃反頑亦甚矣故曰吝也象曰濡其尾亦不知極也九二曳其輪貞吉體剛履中而應於五五體陰柔應與而不自任者也居未濟之時處險難之中體剛中之質而見任與拯

救危難經綸屯蹇者也用健施難循難在正而不違中故曳其輪貞吉也象曰九二貞吉中以行正也位雖不正中以行正也六三未濟征凶利涉大川以陰之質失位居險不能自濟者也以不正之身力不能自濟而求進焉喪其身也故曰征凶也二能拯難而已比之棄已委二載二而行溺可得乎何憂未濟故曰利涉大川象曰未濟征凶位不當也九四貞吉悔亡震用伐鬼方三年有賞于大國處未濟之時而出險難之上居文明之初體乎剛質以近至尊雖履非其位志在乎正則吉而悔亡矣其志得行靡禁其威故曰震用伐鬼方也伐鬼方者興衰之征也故每至興衰而取義焉處文明之初始出於難其德未盛故曰三年也五居尊以柔體乎文明之盛不奪物功者也故以大國賞之也象曰貞吉悔亡志行也六五貞吉无悔君子之光有孚吉以柔居尊處文明之盛爲未濟之主故必正然後乃吉吉乃得无悔也夫以柔順文明之質居於尊位付與於能而不自役使武以文御剛以柔斯誠君子之光也付物以能而不疑也物則竭力功斯克矣故曰有孚吉象曰君子之光其暉吉也上九有孚于飲酒无咎濡其首有孚失是未濟之極則反於既濟既濟之道所任者當也所任者當則可信之无疑而已逸焉故曰有孚于飲酒无咎也以其能信於物故得逸豫而不憂於事之廢苟不憂於事之廢而耽於樂之甚則至于失

節矣由於有孚失於是矣故曰濡其首有孚失是也象曰飲酒濡首亦不知節也

周易卷第六

周易繫辭上第七

韓康伯注

天尊地卑乾坤定矣 乾坤其易之門户先明天尊地卑以定乾坤之體 卑高以陳貴賤位矣 天尊地卑之義既列則涉乎萬物貴賤之位明矣 動靜有常剛柔斷矣 剛動而柔止也動止得其常體則剛柔之分著矣 方以類聚物以羣分吉凶生矣 方有類物有羣則有同有異有聚有分也順其所同則吉乖其所趣則凶故吉凶生矣 在天成象在地成形變化見矣 象況日月星辰形況山川草木也縣象運轉以成昬明山澤通氣而雲行雨施故變化見矣 是故剛柔相摩 相切摩也言陰陽之交感也 八卦相盪 相推盪也言運化之推移 鼓之以雷霆潤之以風雨日月運行一寒一暑乾道成男坤道成女乾知大始坤作成物乾以易知坤以簡能 天地之道不為而善始不勞而善成故曰易簡 易則易知簡則易從易知則有親易從則有功 順萬物之情故曰有親通天下之志故曰有功 有親則可久有功則可大 有易簡之德則能成可久可大之功 可久則賢人之德可大則賢

人之業天地易簡萬物各載其形聖人不爲羣方各遂其業德業既成則入於形器故以賢人目其德業易簡
而天下之理得矣天下之理莫不由於易簡而各得順其分位也天下之理得而成位
乎其中矣成位況立象也極易簡則能通天下之理通天下之理故能成象並乎天地言其中則明並天地也
聖人設卦觀象此總言也繫辭焉而明吉凶剛柔相推而生變化繫辭
所以明吉凶剛柔相推所以明變化也吉凶者存乎人事也變化者存乎運行也吉是故吉凶者失得之
象也由有失得故吉凶生悔吝者憂虞之象也失得之微者足以致憂虞而已故曰悔吝變化
者進退之象也往復相推迭進退也剛柔者晝夜之象也晝則陽剛夜則陰柔始總言吉
凶變化而下別明悔吝晝夜者悔吝則吉凶之類晝夜亦變化之道吉凶之類則同因繫辭而明變化之道則俱由剛柔而著
故始總言之下則明失得之輕重辨變化之小大故別序其義也六爻之動三極之道也三極三材
也兼三材之道故能見吉凶成變化也是故君子所居而安者易之序也序易象之次序
所樂而玩者爻之辭也是故君子居則觀其象而玩其辭動則
觀其變而玩其占是以自天祐之吉无不利

彖者言乎象者也彖總一卦之義也爻者言乎變者也爻各言其變也吉凶者言乎其失得也悔吝者言乎其小疵也无咎者善補過也是故列貴賤者存乎位爻之所處曰位六位有貴賤也齊小大者存乎卦卦有小大也齊猶言辯也即彖者言乎象也辯吉凶者存乎辭辭爻辭也即爻者言乎變也言象所以明小大言變所以明吉凶故小大之義存乎卦吉凶之狀見乎爻至於悔吝无咎其例一也吉凶悔吝小疵无咎皆生乎變事有小大故下歷言五者之差也憂悔吝者存乎介介纖介也王弼曰憂悔吝之時其介不可慢也即悔吝者言乎小疵也震无咎者存乎悔无咎者善補過也震動也故動而无咎存乎其悔過也是故卦有小大辭有險易其道光明曰大君子道消曰小之泰則其辭易之否則其辭險辭也者各指其所之易與天地準作易以準天地故能彌綸天地之道仰以觀於天文俯以察於地理是故知幽明之故幽明者有形无形之象死生者始終之數也原始反終故知死生之說精氣爲物遊魂爲變精氣烟熅聚而成物聚極則散而遊魂爲變也遊魂言其遊散也是故知

鬼神之情狀盡聚散之理則能知變化之道无幽而不通也與天地相似故不違德合天地故曰相似知周乎萬物而道濟天下故不過知周萬物則能以道濟天下也旁行而不流應變旁通而不流淫也樂天知命故不憂順天之化故曰樂也安土敦乎仁故能愛安土敦仁者萬物之情也物順其情則仁功贍矣範圍天地之化而不過範圍者擬範天地而周備其理也曲成萬物而不遺曲成者乘變以應物不係一方者也則物宜得矣通乎晝夜之道而知通幽明之故則无不知也故神无方而易无體自此以上皆言神之所爲也方體者皆係於形器者也神則陰陽不測易則唯變所適不可以一方一體明一陰一陽之謂道道者何无之稱也无不通也无不由也況之曰道寂然无體不可爲象必有之用極而无之功顯故至乎神无方而易无體而道可見矣故窮變以盡神因神以明道陰陽雖殊无一以待之在陰爲无陰陰以之生在陽爲无陽陽以之成故曰一陰一陽也繼之者善也成之者性也仁者見之謂之仁知者見之謂之知仁者資道以見其仁知者資道以見其知各盡其分百姓日用而不知故君子之道鮮矣君子體道以爲用也仁知則滯於所見百姓則日用而不知體斯道者不亦鮮矣故常无欲以觀其妙始可以語至而言極也

顯諸仁藏諸用 衣被萬物故曰顯諸仁日用而不知故曰藏諸用 鼓萬物而不與聖人同憂 萬物由之以化故曰鼓萬物也聖人雖體道以爲用未能全无以爲體故順通天下則有經營之跡也 盛德大業至矣哉 夫物之所以通事之所以理莫不由乎道也聖人功用之母體同乎道盛德大業所以能至 富有之謂大業 廣大悉備故曰富有 日新之謂盛德 體化合變故曰日新 生生之謂易 陰陽轉易以成化生 成象之謂乾 擬乾之象 效法之謂坤 效坤之法 極數知來之謂占通變之謂事 物窮則變變而通之事之所由生也 陰陽不測之謂神 神也者變化之極妙萬物而爲言不可以形詰者也故曰陰陽不測嘗試論之曰原夫兩儀之運萬物之動豈有使之然哉莫不獨化於大虛欻爾而自造矣造之非我理自玄應化之无主數自冥運故不知所以然而況之神是以明兩儀以大極爲始言變化而稱極乎神也夫唯知天之所爲者窮理體化坐忘遺照至虛而善應則以道爲稱不思而玄覽則以神爲名蓋資道而同乎道由神而冥於神者也 夫易廣矣大矣以言乎遠則不禦 窮幽極深无所止也 以言乎邇則靜而正 則近而當 以言乎天地之閒則備矣夫乾其靜也專其動也直是以大生焉 專專一也直剛正也 夫坤其靜也翕其動也闢是以廣生

焉翕斂也止則翕斂其氣動則闢開以生物也乾統天首物爲變化之元通乎形外者也坤則順以承陽功盡於已用止乎形者也故乾以專直言乎其材坤以翕闢言乎其形廣大配天地變通配四時陰陽之義配日月易簡之善配至德易之所載配此四義子曰易其至矣乎夫易聖人所以崇德而廣業也窮理入神其德崇也兼濟萬物其業廣也知崇禮卑知以崇爲貴禮以卑爲用崇效天卑法地極知之崇象天高而統物備禮之用象地廣而載物也天地設位而易行乎其中矣天地者易之門戶而易之爲義兼周萬物故曰行乎其中矣成性存存道義之門物之存成由乎道義也

聖人有以見天下之賾而擬諸其形容象其物宜乾剛坤柔各有其體故曰擬諸形容是故謂之象聖人有以見天下之動而觀其會通以行其典禮典禮適時之所用繫辭焉以斷其吉凶是故謂之爻言天下之至賾而不可惡也言天下之至動而不可亂也易之爲書不可遠也惡之則逆於順錯之則乖於理擬之而後言議之而後動擬議以成其變化擬議以動則盡變化

之道鳴鶴在陰其子和之我有好爵吾與爾靡之鶴鳴則子和脩誠則物應我有好爵與物散之物亦以善應也明擬議之道繼以斯義者誠以吉凶失得存乎所動同乎道者道亦得之同乎失者失亦違之莫不以同相順以類相應動之斯來緌之斯至鶴鳴于陰氣同則和出言戶庭千里或應出言猶然況其大者乎千里或應況其邇者乎故夫憂悔吝者存乎纖介定失得者愼於樞機是以君子擬議以勤愼其微也子曰君子居其室出其言善則千里之外應之況其邇者乎居其室出其言不善則千里之外違之況其邇者乎言出乎身加乎民行發乎邇見乎遠言行君子之樞機樞機制動之主樞機之發榮辱之主也言行君子之所以動天地也可不愼乎同人先號咷而後笑子曰君子之道或出或處或默或語二人同心其利斷金同人終獲後笑者以有同心之應也夫所況同者豈係乎一方哉君子出處默語不違其中則其跡雖異道同則應同心之言其臭如蘭初六藉用白茅无咎子曰苟錯諸地而可矣藉之用茅何咎之有愼之至也夫茅之爲物薄而用可重也愼斯術也以往其无

所失矣勞謙君子有終吉子曰勞而不伐有功而不德厚之至也語以其功下人者也德言盛禮言恭謙也者致恭以存其位者也亢龍有悔子曰貴而无位高而无民賢人在下位而无輔是以動而有悔也不出户庭无咎子曰亂之所生也則言語以爲階君不密則失臣臣不密則失身幾事不密則害成是以君子慎密而不出也子曰作易者其知盜乎言盜亦乘釁而至也易曰負且乘致寇至負也者小人之事也乘也者君子之器也小人而乘君子之器盜思奪之矣上慢下暴盜思伐之矣慢藏誨盜冶容誨淫易曰負且乘致寇至盜之招也

大衍之數五十其用四十有九王弼曰演天地之數所賴者五十也其用四十有九則其一不用也不用而用以之通非數而數以之成斯易之大極也四十有九數之極也夫无不可以无明必因於有故常於有物之極而必明其所由之宗也分而爲二以象兩掛一以象三揲之以四以象四

時歸奇於扐以象閏五歲再閏故再扐而後掛奇況四揲之餘不足復揲者也分而爲二既揲之餘合掛於一故曰再扐而後掛凡閏十九年七閏爲一章五歲再閏者二故略舉其凡也天數五五奇也地數五五耦也五位相得而各有合天地之數各五五數相配以合成金木水火土天數二十有五五奇合爲二十五地數三十五耦合爲三十凡天地之數五十有五此所以成變化而行鬼神也變化以此成鬼神以此行乾之策二百一十有六陽爻六一爻三十六策六爻二百一十六策坤之策百四十有四陰爻六一爻二十四策六爻一百四十四策凡三百有六十當期之日二篇之策萬有一千五百二十當萬物之數也二篇三百八十四爻陰陽各半合萬一千五百二十策是故四營而成易分而爲二以象兩一營也掛一以象三二營也揲之以四三營也歸奇於扐四營也十有八變而成卦八卦而小成引而伸之伸之六十四卦觸類而長之天下之能事畢矣顯道顯明也神德行由神以成其用是故可與酬酢可與祐神矣可與應對萬物之求助成神化之功也酬酢猶應對也

子曰知變化之道者其知神之所爲乎夫變化之道不爲而自然故知變化者則知神之所爲易有聖人之道四焉以言者尚其辭以動者尚其變以制器者尚其象以卜筮者尚其占此四者存乎器象可得而用也是以君子將有爲也將有行也問焉而以言其受命也如響无有遠近幽深遂知來物非天下之至精其孰能與於此參伍以變錯綜其數通其變遂成天地之文極其數遂定天下之象非天下之至變其孰能與於此易无思也无爲也寂然不動感而遂通天下之故非天下之至神其孰能與於此夫非忘象者則无以制象非遺數者无以極數至精者无籌策而不可亂至變者體一而无不周至神者寂然而无不應斯蓋功用之母象數所由立故曰非至精至變至神則不得與於斯也夫易聖人之所以極深而研幾也唯深也故能通天下之志唯幾也故能成天下之務極未形之理則曰深適動微之會則曰幾唯神也故不疾而速不行而至子曰易有聖人之道四焉者此之謂也四者由聖道以

成故曰聖人之道

天一地二天三地四天五地六天七地八天九地十易以極數通神明之德故明易之道先舉天地之數也子曰夫易何爲者也夫易開物成務冒天下之道如斯而已者也冒覆也言易通萬物之志成天下之務其道可以覆冒天下也是故聖人以通天下之志以定天下之業以斷天下之疑是故蓍之德圓而神卦之德方以知圓者運而不窮方者止而有分言蓍以圓象神卦以方象知也唯變所適无數不周故曰圓卦列爻分各有其體故曰方也六爻之義易以貢貢告也六爻變易以告吉凶聖人以此洗心洗濯萬物之心退藏於密言其道深微萬物日用而不能知其原故曰退藏於密猶藏諸用也吉凶與民同患表吉凶之象以同民所憂患之事故曰吉凶與民同患也神以知來知以藏往明蓍卦之用同神知也蓍定數於始於卦爲來卦成象於終於蓍爲往往來之用相成猶神知也其孰能與此哉古之聰明叡知神武而不殺者夫服萬物而不以威刑也是以明於天之道而察於民之故是興神物以前民用定吉凶於始也聖人以此齊

戒（洗心曰齊防患曰戒）以神明其德夫是故闔户謂之坤（坤道包物）闢户謂之乾（乾道施生）一闔一闢謂之變往來不窮謂之通見乃謂之象（兆見曰象）形乃謂之器（成形曰器）制而用之謂之法利用出入民咸用之謂之神

是故易有大極是生兩儀（夫有必始於无故大極生兩儀也大極者无稱之稱不可得而名取其有之所極況之大極者也）兩儀生四象四象生八卦（卦以象之）八卦定吉凶（八卦既立則吉凶可定）吉凶生大業（既定吉凶則廣大悉備）是故法象莫大乎天地變通莫大乎四時縣象著明莫大乎日月崇高莫大乎富貴（位所以一天下之動而濟萬物）備物致用立成器以爲天下利莫大乎聖人探賾索隱鉤深致遠以定天下之吉凶成天下之亹亹者莫大乎蓍龜是故天生神物聖人則之天地變化聖人效之天垂象見吉凶聖人象之河出圖洛出書聖人則之易有四象所以示也繫辭焉

所以告也定之以吉凶所以斷也易曰自天祐之吉无不利子曰祐者助也天之所助者順也人之所助者信也履信思乎順又以尚賢也是以自天祐之吉无不利也

子曰書不盡言言不盡意然則聖人之意其不可見乎子曰聖人立象以盡意設卦以盡情僞繫辭焉以盡其言變而通之以盡利（極變通之數則盡利也故曰易窮則變變則通通則久）鼓之舞之以盡神乾坤其易之緼邪（緼淵奥也）乾坤成列而易立乎其中矣乾坤毁則无以見易易不可見則乾坤或幾乎息矣是故形而上者謂之道形而下者謂之器化而裁之謂之變（因而制其會通適變之道也）推而行之謂之通（乘變而往者无不通也）舉而錯之天下之民謂之事業（事業所以濟物故舉而錯之於民）

是故夫象聖人有以見天下之賾而擬諸其形容象其物宜是故謂之象聖人有以見天下之動而觀其會通以行其典禮繫

辭焉以斷其吉凶是故謂之爻極天下之賾者存乎卦鼓天下之動者存乎辭辭爻辭也爻以鼓動效天下之動也化而裁之存乎變推而行之存乎通神而明之存乎其人體神而明之不假於象故存乎其人默而成之不言而信存乎德行德行賢人之德行也順足於內故默而成之也體與理會故不言而信也

周易卷第七

五福五代堂寶

八徵耄念之寶

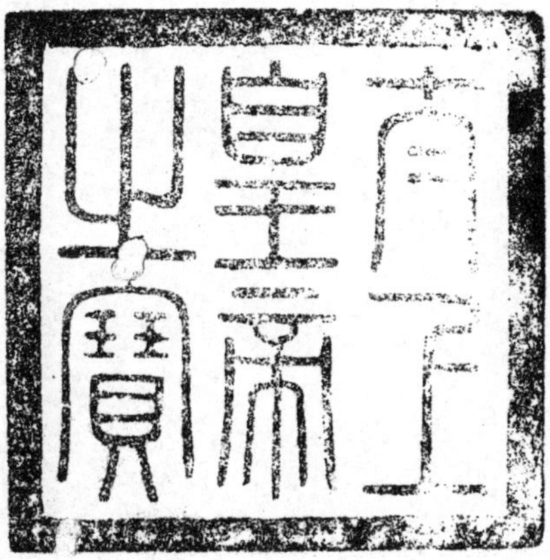
太上皇帝之寶

五福五代堂寶

八徵耄念之寶

太上皇帝之寶

周易繫辭下第八

韓康伯注

八卦成列象在其中矣備天下之象也因而重之爻在其中矣夫八卦備天下之理而未極其變故因而重之以象其動用擬諸形容以明治亂之宜觀其所應以著適時之功則爻卦之義所存各異故爻在其中矣剛柔相推變在其中矣繫辭焉而命之動在其中矣剛柔相推況八卦相盪或否或泰繫辭焉而斷其吉凶況之六爻動以適時者也立卦之義則見於彖象適時之功則存之爻辭王氏之例詳矣吉凶悔吝者生乎動者也有變動而後有吉凶剛柔者立本者也變通者趣時者也立本況卦趣時況爻吉凶者貞勝者也貞者正也一也夫有動則未免乎累殉吉則未離乎凶盡會通之變而不累於吉凶者其唯貞者乎老子曰王侯得一以爲天下貞萬變雖殊可以執一御也天地之道貞觀者也明夫天地萬物莫不保其貞以全其用也日月之道貞明者也天下之動貞夫一者也夫乾確然示人易矣夫坤隤然示人簡矣確剛貌也隤柔貌也乾坤皆恒一其德物由以成故簡易也爻也者效此者也象也者像此

者也爻象動乎内 兆數見於卦也 吉凶見乎外 失得驗於事也 功業見乎變 功業由變以興故見乎變也 聖人之情見乎辭 辭也者各指其所之故曰情也 天地之大德曰生 施生而不爲故能常生故曰大德也 聖人之大寶曰位 夫无用則无所寶有用則有所寶也无用而常足者莫妙乎道有用而弘道者莫大乎位故曰聖人之大寶曰位 何以守位曰仁何以聚人曰財 財所以資物生也 理財正辭禁民爲非曰義古者包犧氏之王天下也仰則觀象於天俯則觀法於地觀鳥獸之文與地之宜 聖人之作易无大不極无微不究大則取象天地細則觀鳥獸之文與地之宜也 近取諸身遠取諸物於是始作八卦以通神明之德以類萬物之情作結繩而爲罔罟以佃以漁蓋取諸離 離麗也罔罟之用必審物之所麗也魚麗于水獸麗于山也 包犧氏没神農氏作斲木爲耜揉木爲耒耒耨之利以教天下蓋取諸益 制器致豐以益萬物 日中爲市致天下之民聚天下之貨交易而退各得其所蓋取諸噬嗑 噬嗑合也市人之所聚異方之所合設法以合物噬嗑之義也 神農氏没黄帝

堯舜氏作通其變使民不倦（通物之變故樂其器用不懈倦也）神而化之使民
宜之易窮則變變則通通則久（通變則无窮故可久）是以自天祐之吉无
不利黄帝堯舜垂衣裳而天下治蓋取諸乾坤（垂衣裳以辨貴賤乾尊坤卑之
義也）刳木爲舟剡木爲楫舟楫之利以濟不通致遠以利天下蓋
取諸渙（渙者乘理以散動也）服牛乘馬引重致遠以利天下蓋取諸隨（隨隨
宜也服牛乘馬隨物所之各得其宜也）重門擊柝以待暴客蓋取諸豫（取其備豫）斷木
爲杵掘地爲臼臼杵之利萬民以濟蓋取諸小過（以小用而濟物也）弦
木爲弧剡木爲矢弧矢之利以威天下蓋取諸睽（睽乖也物乖則爭興弧矢
之用所以威乖爭也）上古穴居而野處後世聖人易之以宫室上棟下宇
以待風雨蓋取諸大壯（宫室壯大於穴居故制爲宫室取諸大壯也）古之葬者厚衣
之以薪葬之中野不封不樹喪期无數後世聖人易之以棺椁
蓋取諸大過（取其過厚）上古結繩而治後世聖人易之以書契百官

以治萬民以察蓋取諸夬夬決也書契所以決斷萬事也是故易者象也象也者像也彖者材也材才德也彖言成卦之材以統卦義也爻也者效天下之動者也是故吉凶生而悔吝著也陽卦多陰陰卦多陽其故何也陽卦奇陰卦耦夫少者多之所宗一者衆之所歸陽卦二陰故奇爲之君陰卦二陽故耦爲之主其德行何也辨陰陽二卦之德行也陽一君而二民君子之道也陰二君而一民小人之道也陽君道也陰臣道也君以无爲統衆无爲則一也臣以有事代終有事則二也故陽爻畫奇以明君道必一陰爻畫兩以明臣體必二斯則陰陽之數君臣之辨也以一爲君君之德也二居君位非其道也故陽卦曰君子之道陰卦曰小人之道也易曰憧憧往來朋從爾思天下之動必歸乎一思以求朋未能一也一以感物不思而至子曰天下何思何慮天下同歸而殊塗一致而百慮天下何思何慮夫少則得多則惑塗雖殊其歸則同慮雖百其致不二苟識其要不在博求一以貫之不慮而盡矣日往則月來月往則日來日月相推而明生焉寒往則暑來暑往則寒來寒暑相推而歲成焉往者屈也來者信也屈信相感而

利生焉尺蠖之屈以求信也龍蛇之蟄以存身也精義入神以致用也精義物理之微者也神寂然不動感而遂通故能乘天下之微會而通其用也利用安身以崇德也利用之道皆安其身而後動也精義由於入神以致其用利用由於安身以崇其德理必由乎其宗事各本乎其根歸根則寧天下之理得也若役其思慮以求動用忘其安身以殉功美則僞彌多而理愈失名彌美而累愈彰矣過此以往未之或知也窮神知化德之盛也易曰困于石據于蒺蔾入于其宮不見其妻凶子曰非所困而困焉名必辱非所據而據焉身必危既辱且危死期將至妻其可得見邪易曰公用射隼于高墉之上獲之无不利子曰隼者禽也弓矢者器也射之者人也君子藏器於身待時而動何不利之有動而不括是以出而有獲語成器而動者也括結也君子待時而動則无結閡之患也子曰小人不恥不仁不畏不義不見利不勸不威不懲小懲而大誡此小人之福也易曰屨校滅趾无咎此之謂也善不積不足以成名惡

不積不足以滅身小人以小善爲无益而弗爲也以小惡爲无傷而弗去也故惡積而不可揜罪大而不可解易曰何校滅耳凶子曰危者安其位者也亡者保其存者也亂者有其治者也是故君子安而不忘危存而不忘亡治而不忘亂是以身安而國家可保也易曰其亡其亡繫于苞桑子曰德薄而位尊知小而謀大力少而任重鮮不及矣易曰鼎折足覆公餗其形渥凶言不勝其任也子曰知幾其神乎君子上交不諂下交不瀆其知幾乎形而上者况之道形而下者况之器於道不宜而有求焉未離乎諂也於器不絶而有交焉未免乎瀆也能无諂瀆窮理者也幾者動之微吉之先見者也幾者去无入有理而未形不可以名尋不可以形覩者也唯神也不疾而速感而遂通故能朗然玄照鑒於未形也合抱之木起於毫末吉凶之彰始於微兆故爲吉之先見也君子見幾而作不俟終日易曰介于石不終日貞吉介如石焉寧用終日斷可識矣定之於始故不待終日也君子知微知彰知柔知剛萬

夫之望此知幾其神乎子曰顔氏之子其殆庶幾乎有不善未嘗不知

知之未嘗復行也在理則昧造形而悟顔子之分也失之於幾故有不善得之於二不遠而復故知之未嘗復行也易曰不遠復无祇悔元吉吉凶者失得之象也得二者於理不盡未至成形故得不遠而復舍凶之吉免夫祇悔而終獲元吉祇大也天地絪緼萬物化醇男女構精萬物化

生易曰三人行則損一人一人行則得其友言致一也致一而後化成也子曰君子安其身而後動易其心而後語定其交而後求君子脩此三者故全也危以動則民不與也懼以語則民不應也无交而求則民不與也莫之與則傷之者至矣易曰莫益之或擊之立心勿恒凶夫虚已存誠則衆之所不迕也躁以有求則物之所不與也子曰乾坤其易之門邪乾陽物也坤陰物也陰陽合德而剛柔有體以體天地之撰撰數也以通神明之德其稱名也雜而不越備物極變故其名雜也各得其序不相踰越况爻繇之辭也於稽其類其衰世之意邪有憂患而後作易世衰則失得彌彰

爻繇之辭所以辨失得故知衰世之意邪稽猶考也夫易彰往而察來而微顯闡幽易无往不
彰无來不察而微以之顯幽以之闡闡明也開而當名辨物正言斷辭則備矣開釋爻卦
使各當其名也理類辨明故曰斷辭也其稱名也小其取類也大託象以明義因小以喻大其
旨遠其辭文其言曲而中變化无恒不可爲典要故其言曲而中也其事肆而隱事顯
而理微也因貳以濟民行以明失得之報貳則失得也因失得以通濟民行故明失得之報也
失得之報者得其會則吉乖其理則凶
易之興也其於中古乎作易者其有憂患乎无憂患則不爲而足也是故
履德之基也基所蹈也謙德之柄也復德之本也夫動本於靜語始於默復者各反其
所始故爲德之本也恒德之固也固不傾移也損德之脩也益德之裕也能益物者
其德寬大也困德之辯也困而益明井德之地也所處不移象居得其所也巽德之制
也巽所以申命明制也履和而至和而不至從物者也和而能至故可履也謙尊而光復小而
辨於物微而辨之不遠復也恒雜而不厭雜而不厭是以能恒損先難而後易刻損以脩

身故先難也身脩而无患故後易也益長裕而不設有所興爲以益於物故曰長裕因物興務不虛設也困窮而通處窮而不屈其道也井居其所而遷改邑不改井井所居不移而能遷其施也巽稱而隱稱揚命令而百姓不知其由也履以和行謙以制禮復以自知求諸己也恒以一德以一爲德也損以遠害止於脩身故可以遠害而已益以興利困以寡怨困而不濫无怨於物井以辯義施而无私義之方也巽以行權權反經而合道必合乎巽順而後可以行權也

易之爲書也不可遠擬議而動不可遠也爲道也屢遷變動不居周流六虛六虛六位也上下无常剛柔相易不可爲典要不可立定準也唯變所適變動貴於適時趣舍存乎會也其出入以度外內使知懼明出入之度使物知外內之戒也出入猶行藏外內猶隱顯遯以遠時爲吉豐以幽隱致凶漸以高顯爲美明夷以處昧利貞此外內之戒也又明於憂患與故故事故也无有師保如臨父母安而不忘危存而不忘亡終日乾乾不可以殆也初率其辭而揆其方既有典常能循其辭以度其義原其初以要其終則唯變所適是其常典也明其變者存其要也故曰苟非其人道不虛行苟非其人道不虛行易之爲書也原始要終

以爲質也質體也卦兼終始之義也六爻相雜唯其時物也爻各存乎其時物事也其初難知其上易知本末也初辭擬之卒成之終夫事始於微而後至於著初者數之始擬議其端故難知也上者卦之終事皆成著故易知也若夫雜物撰德辯是與非則非其中爻不備噫亦要存亡吉凶則居可知矣知者觀其彖辭則思過半矣夫彖者舉立象之統論中爻之義約以存博簡以兼衆雜物撰德而一以貫之形之所宗者道衆之所歸者一其事彌繁則愈滯乎形其理彌約則轉近乎道彖之爲義存乎一也一之爲用同乎道矣形而上者可以觀道過半之益不亦宜乎二與四同功同陰功也而異位有內外也其善不同二多譽二處中故多譽也四多懼近也位逼於君故多懼也柔之爲道不利遠者其要无咎其用柔中也四之多懼以近君也柔之爲道須援而濟故有不利遠者二之能无咎柔而處中也三與五同功同陽功也而異位有貴賤也三多凶五多功貴賤之等也其柔危其剛勝邪三五陽位柔非其位處之則危居以剛健勝其任也夫所貴剛者閑邪存誠動而不違其節者也所貴柔者含弘居中順而不失其貞者也若剛以犯物則非剛之道柔以卑佞則非柔之義也易之爲書也廣大悉備有

天道焉有人道焉有地道焉兼三材而兩之故六六者非它也三材之道也說卦備矣道有變動故曰爻爻有等故曰物等類也乾陽物也坤陰物也爻有陰陽之類而後有剛柔之用故曰爻有等故曰物物相雜故曰文剛柔交錯玄黃相雜文不當故吉凶生焉易之興也其當殷之末世周之盛德邪當文王與紂之事邪文王以盛德蒙難而能亨其道故稱文王之德以明易之道也是故其辭危文王與紂之事危其辭也危者使平易者使傾易慢易也其道甚大百物不廢懼以終始其要无咎此之謂易之道也夫文不當而吉凶生則求其存者亡不忘亡者存有其治者亂不忘危者安懼以終始歸於无咎安危之所由爻象之大體也

夫乾天下之至健也德行恒易以知險夫坤天下之至順也德行恒簡以知阻能說諸心能研諸侯之慮諸侯物主有爲者也能說萬物之心能精爲者之務定天下之吉凶成天下之亹亹者是故變化云爲吉事有祥象事知器占事知來夫變化之爲者行其吉事則獲嘉祥之應觀其象事則知制器之方玩其占事

則觀方來之驗也天地設位聖人成能聖人乘天地之正萬物各成其能人謀鬼謀百姓與能人謀況議於衆以定失得也鬼謀況寄卜筮以考吉凶也不役思慮而失得自明不勞探射而吉凶自著類萬物之情通幽深之故故百姓與能樂推而不厭也八卦以象告以象告人爻彖以情言辭有險易而各得其情也剛柔雜居而吉凶可見矣變動以利言變而通之以盡利也吉凶以情遷吉凶无定唯人所動情順乘理以之吉情逆違道以蹈凶故曰吉凶以情遷也是故愛惡相攻而吉凶生泯然同乎何吉何凶愛惡相攻然後逆順者殊故吉凶生遠近相取而悔吝生相取猶相資也遠近之爻互相資取而後有悔吝也情僞相感而利害生情以感物則得利僞以感物則致害也凡易之情近而不相得則凶近況比爻也易之情剛柔相摩變動相適者也近而不相得必有乖違之患或有相違而无患者得其應也相順而皆凶者乖於時也存事以考之則義可見矣或害之悔且吝夫无對於物而後盡全順之道豈可有欲害之者乎雖能免濟必有悔吝也或欲害之辭也將叛者其辭慚中心疑者其辭枝吉人之辭寡躁人之辭多誣善之人其辭游失其守者其辭屈

周易卷第八

周易說卦第九

韓康伯注

昔者聖人之作易也，幽贊於神明而生蓍幽深也贊明也蓍受命如嚮不知所以然而然也參天兩地而倚數參奇也兩耦也七九陽數六八陰數觀變於陰陽而立卦卦象也蓍數也卦則雷風相薄山澤通氣擬象陰陽變化之體蓍則錯綜天地參兩之數蓍極數以定象卦備象以盡數故蓍曰參天兩地而倚數卦曰觀變於陰陽也發揮於剛柔而生爻剛柔發散變動相生和順於道德而理於義，窮理盡性以至於命命者生之極窮理則盡其極也

昔者聖人之作易也，將以順性命之理。是以立天之道曰陰與陽，立地之道曰柔與剛在天成象在地成形陰陽者言其氣剛柔者言其形變化始於氣象而後成形萬物資始乎天成形乎地故天曰陰陽地曰柔剛也或有在形而言陰陽者本其始也在氣而言柔剛者要其終也立人之道曰仁與義。兼三才而兩之，故易六畫而成卦。分陰分陽，迭用柔剛，故易六位而成章設六爻以效三才之動故六畫而成卦也六位爻所處之位也二四爲陰

三五爲陽故曰分陰分陽六爻升降或柔或剛故曰迭用柔剛也天地定位山澤通氣雷風相薄水火不相射八卦相錯數往者順知來者逆易八卦相錯變化理備於往則順而知之於來則逆而數之是故易逆數也作易以逆觀來事以前民用雷以動之風以散之雨以潤之日以烜之艮以止之兑以説之乾以君之坤以藏之帝出乎震齊乎巽相見乎離致役乎坤説言乎兑戰乎乾勞乎坎成言乎艮萬物出乎震震東方也齊乎巽巽東南也齊也者言萬物之絜齊也離也者明也萬物皆相見南方之卦也聖人南面而聽天下嚮明而治蓋取諸此也坤也者地也萬物皆致養焉故曰致役乎坤兑正秋也萬物之所説也故曰説言乎兑戰乎乾乾西北之卦也言陰陽相薄也坎者水也正北方之卦也勞卦也萬物之所歸也故曰勞乎坎艮東北之卦也萬物之所成終而所成始也故曰成言乎艮

神也者妙萬物而爲言者也於此言神者明八卦運動變化推移莫有使之然者神則无物妙萬物而爲言也則雷疾風行火炎水潤莫不自然相與爲變化故能萬物既成也動萬物者莫疾乎雷橈萬物者莫疾乎風燥萬物者莫熯乎火說萬物者莫說乎澤潤萬物者莫潤乎水終萬物始萬物者莫盛乎艮故水火相逮雷風不相悖山澤通氣然後能變化既成萬物也

乾健也坤順也震動也巽入也坎陷也離麗也艮止也兌說也

乾爲馬坤爲牛震爲龍巽爲雞坎爲豕離爲雉艮爲狗兌爲羊

乾爲首坤爲腹震爲足巽爲股坎爲耳離爲目艮爲手兌爲口

乾天也故稱乎父坤地也故稱乎母震一索而得男故謂之長男巽一索而得女故謂之長女坎再索而得男故謂之中男離再索而得女故謂之中女艮三索而得男故謂之少男兌三索而得女故謂之少女

乾爲天爲圜爲君爲父爲玉爲金爲寒爲冰爲大赤爲良馬爲老馬爲瘠馬爲駁馬爲木果

坤爲地爲母爲布爲釜爲吝嗇爲均爲子母牛爲大輿爲文爲衆爲柄其於地也爲黑

震爲雷爲龍爲玄黄爲旉爲大塗爲長子爲決躁爲蒼筤竹爲萑葦其於馬也爲善鳴爲馵足爲作足爲的顙其於稼也爲反生其究爲健爲蕃鮮

巽爲木爲風爲長女爲繩直爲工爲白爲長爲高爲進退爲不果爲臭其於人也爲寡髮爲廣顙爲多白眼爲近利市三倍其究爲躁卦

坎爲水爲溝瀆爲隱伏爲矯輮爲弓輪其於人也爲加憂爲心病爲耳痛爲血卦爲赤其於馬也爲美脊爲亟心爲下首爲薄

蹢爲曳其於輿也爲多眚爲通爲月爲盜其於木也爲堅多心

離爲火爲日爲電爲中女爲甲胄爲戈兵其於人也爲大腹爲乾卦爲鼈爲蟹爲蠃爲蚌爲龜其於木也爲科上槁

艮爲山爲徑路爲小石爲門闕爲果蓏爲閽寺爲指爲狗爲鼠爲黔喙之屬其於木也爲堅多節

兊爲澤爲少女爲巫爲口舌爲毀折爲附決其於地也爲剛鹵爲妾爲羊

周易序卦第十

有天地然後萬物生焉盈天地之閒者唯萬物故受之以屯屯者盈也屯者物之始生也屯剛柔始交故爲物之始生也物生必蒙故受之以蒙蒙者蒙也物之穉也物穉不可不養也故受之以需需者飲食之道也飲食必有訟故受之以訟夫有生則有資有資則爭興也訟必有衆

起故受之以師師者衆也衆必有所比故受之以比衆起而不比則爭无由息必相親比而後得寧也比者比也比必有所畜故受之以小畜比非大通之道則各有所畜以相濟也由比而畜故曰小畜而不能大也物畜然後有禮故受之以履履者禮也禮所以適用也故既畜則宜用有用則須禮也履而泰然後安故受之以泰泰者通也物不可以終通故受之以否物不可以終否故受之以同人否則思通人人同志故可出門同人不謀而合與人同者物必歸焉故受之以大有有大者不可以盈故受之以謙有大而能謙必豫故受之以豫豫必有隨順以動者衆之所隨故受之以隨以喜隨人者必有事故受之以蠱蠱者事也有事而後可大可大之業由事而生故受之以臨臨者大也物大然後可觀故受之以觀可觀而後有所合故受之以噬嗑可觀則異方合會也嗑者合也物不可以苟合而已故受之以賁賁者飾也物相合則須飾以脩外也致飾然後亨則盡矣故受之以剝極飾則實喪也剝者剝

也物不可以終盡剥窮上反下故受之以復復則不妄矣故受之以无妄有无妄然後可畜故受之以大畜物畜然後可養故受之以頤頤者養也不養則不可動故受之以大過不養則不可動養過則厚物不可以終過故受之以坎坎者陷也過而不已則陷没也陷必有所麗故受之以離離者麗也物窮則變極陷則反所麗也有天地然後有萬物有萬物然後有男女有男女然後有夫婦有夫婦然後有父子有父子然後有君臣有君臣然後有上下有上下然後禮義有所錯言咸卦之義也凡序卦所明非易之緼也蓋因卦之次託以明義咸柔上而剛下感應以相與夫婦之象莫美乎斯人倫之道莫大乎夫婦故夫子殷勤深述其義以崇人倫之始而不係之於離也先儒以乾至離爲上經天道也咸至未濟爲下經人事也夫易六畫成卦三材必備錯綜天人以效變化豈有天道人事偏於上下哉斯蓋守文而不求義失之遠矣夫婦之道不可以不久也故受之以恒恒者久也物不可以久居其所故受之以遯遯者退也夫婦之道以恒爲貴而物

之所居不可以恒宜與世升降有時而遯也物不可以終遯遯君子以遠小人遯而後亨何可終邪則小人
遂陵君子日消也故受之以大壯陽盛陰消君子道勝物不可以終壯故受之以
晉晉以柔而進也晉者進也雖以柔而進要是進也進必有所傷故受之以明夷
日中則昃月盈則食夷者傷也傷於外者必反於家故受之以家人傷於外必
反脩諸內家道窮必乖室家至親過在失節故家人之義雖嚴與敬樂勝則流禮勝則離家人尚嚴其敝必乖也
故受之以睽睽者乖也乖必有難故受之以蹇蹇者難也物不
可以終難故受之以解解者緩也緩必有所失故受之以損損
而不已必益故受之以益益而不已必決益而不已則盈故必決也故受之
以夬夬者決也決必有遇以正決邪必有嘉遇也故受之以姤姤者遇也
物相遇而後聚故受之以萃萃者聚也聚而上者謂之升故受
之以升升而不已必困故受之以困困乎上者必反下故受之
以井井道不可不革井久則濁穢宜革易其故故受之以革革物者莫若鼎

故受之以鼎革去故鼎取新既以去故則宜制器立法以治新也鼎所以和濟生物成新之器也故取象焉主器者莫若長子故受之以震震者動也物不可以終動止之故受之以艮艮者止也物不可以終止故受之以漸漸者進也進必有所歸故受之以歸妹得其所歸者必大故受之以豐豐者大也窮大者必失其居故受之以旅旅而无所容故受之以巽旅而无所容以巽則得所入也巽者入也入而後說之故受之以兌兌者說也說而後散之故受之以渙說不可偏係故宜散也渙者離也渙者發暢而无所壅滯則殊趣各肆而不反則遂乖離也物不可以終離故受之以節夫事有其節則物之所同守而不散越也節而信之故受之以中孚孚信也既已有節則宜信以守之有其信者必行之故受之以小過守其信者則失貞而不諒之道而以信為過故曰小過也有過物者必濟行過乎恭禮過乎儉可以矯世厲俗有所濟也故受之以既濟物不可窮也故受之以未濟終焉有為而能濟者以已窮物者也物窮則乖功極則亂其可濟乎故受之以未濟也

周易雜卦第十一

雜卦者雜糅衆卦錯綜其義或以同相類或以異相明也

乾剛坤柔比樂師憂雜比則樂動衆則憂臨觀之義或與或求以我臨物故曰與物來觀我故曰求屯見而不失其居屯利建侯君子經綸之時雖見而磐桓利貞不失其居也蒙雜而著雜者未知所定也求發其蒙則終得所定著定也震起也艮止也損益盛衰之始也極損則益極益則損大畜時也因時而畜故能大也无妄災也无妄之世妄則災也萃聚而升不來也來還也方在上升故不還也謙輕而豫怠也謙者不自重也噬嗑食也賁无色也飾貴合衆无定色也兌見而巽伏也兌貴顯說巽貴卑退隨无故也蠱則飭也隨時之宜不繫於故也隨則有事受之以蠱飭整治也蠱所以整治其事也剝爛也物熟則剝落也復反也

晉晝也明夷誅也誅傷也井通而困相遇也井物所通用而不吝也困安所遇而不濫也咸速也物之相應莫速乎咸恒久也渙離也節止也解緩也蹇難也睽外也相疏外也家人內也否泰反其類也大壯則止遯則退也大正則小人止小人亨則君子退大有衆也同人親也革去故也鼎取新也小過過

也中孚信也豐多故也高者懼危滿者戒盈豐大者多憂故也親寡旅也親寡故寄旅也離上而坎下也火炎上水潤下小畜寡也不足以兼濟也履不處也王弼云履卦陽爻皆以不處其位爲吉也需不進也畏險而止也訟不親也大過顛也本末弱也遘遇也柔遇剛也漸女歸待男行也女從男也頤養正也既濟定也歸妹女之終也女終於出嫁也未濟男之窮也剛柔失位其道未濟故曰窮也夬決也剛決柔也君子道長小人道憂也君子以決小人長其道小人見決去爲深憂也

周易卷第九

周易略例并序

唐四門助教邢　璹　注

原夫兩儀未位神用藏於視聽一氣化矣至賾隱乎名言於是河龍負圖犧皇畫卦仰觀俯察遠物近身八象窮天地之情六位備剛柔之體言大道之妙有一陰一陽論聖人之範圍顯仁藏用寔三元之胎祖鼓舞財成爲萬有之蓍龜知來藏往是以孔丘三絶未臻樞奥劉安九師尚迷宗旨舞象之年鼓篋鱣序漁獵墳典偏習周易研窮耽玩無舍寸陰異知卦之紀綱周文王之言洛矣象之吉凶孔仲尼之論備矣至如王輔嗣略例大則總一部之指歸小則明六爻之得失承乘逆順之理應變情僞之端用有行藏辭有險易觀之者可以經緯天地探測鬼神匡濟邦家推辟咎悔雖人非上聖亦近代一賢臣謹依其文

輒爲注解雖不足數弘易道庶幾有裨於教義亦猶螢爝增輝

於大陽消流助深於巨壑臣之志也敢不上聞

周易略例第十略例者舉釋綱目之名統明大理之稱略不具也例舉並也然以先儒注易二十餘家雖小有異同而迭相祖述雖比王氏所見特殊故作略例二篇以辯諸家之惑錯綜文理具録之也

明彖

夫彖者何也將釋卦義故假設問端故曰何統論一卦之體明其所由之主者也統論一卦功用之體明辯也辯卦體功用所由之主立主之義義在一爻明辯也夫衆不能治衆治衆者至寡者也萬物衆一是寡衆不能治衆治衆者至少以治之也夫動不能制動制天下之動者貞夫一者也天下之動則不能自制制其動者貞之一者也老子曰王侯得以爲天下貞然則一爲君體君體合道動是衆由一制也制衆歸一故靜爲躁君安爲動主故衆之所以得咸存者主必致一也致由歸也衆得皆存其存有心歸於一故無心於存皆得其存也動之所以得咸運者原必無二也動所以運運不已者謂無二動故無心於動而動不息也物无妄然

必由其理物衆也妄也天下之衆衆皆无妄无妄之理必由君主統之也統之有宗會之有元統領之以宗主會合之以元首故繁而不亂衆而不惑統之有宗主雖繁而不亂會之以元首雖衆而不惑故六爻相錯可舉一以明也錯雜也六交或陰或陽錯雜交亂舉貞一之主以明其用剛柔相乘可立主以定也六爻有剛有柔或乘或據有逆有順可立主以定之是故雜物撰德撰數也雜聚也聚其物體數其德行辯是與非辯明也得位而承是也失位而據之非也則非其中爻莫之備矣然則非是中之一爻莫之能備訟彖云訟有孚窒惕中吉剛來而得中也困彖云貞大人吉以剛中也之例是也故自統而尋之物雖衆則知可以執一御也无爲之一者道也君也統而推尋萬物雖殊一之以神道百姓雖衆御之以君主也由本以觀之義雖博則知可以一名舉也博廣也本謂君也道也義雖廣舉之在一也故處璇璣以觀大運則天地之動未足怪也據會要以觀方來則六合輻湊未足多也天地雖大覩之以璇璣六合雖廣據之以要會天地之運不足怪其大六合輻湊不足稱其多故舉卦之名義有主矣觀其彖辭則思過半矣彖總卦義義主中爻簡易者道也君也道能化物君能御民智

者觀之思過其半夫古今雖殊軍國異容中之爲用故未可遠也古今革變

軍國殊別忠貞之用終無疎遠品制萬變宗主存焉彖之所尚斯爲盛矣品變積萬

存之在一夫少者多之所貴也寡者衆之所宗也自此巳下明至少者爲至多之所主

豈直指其中爻而巳一卦五陽而一陰則一陰爲之主矣同人履小畜大有之例是也

五陰而一陽則一陽爲之主矣師比謙豫復剝之例是也夫陰之所求者陽

也陽之所求者陰也王弼曰夫陰陽相求之物以所求者貴也陽苟一焉五陰何得

不同而歸之陰苟隻焉五陽何得不同而從之故陰爻雖賤而

爲一卦之主者處其至少之地也王氏曰陽貴而陰賤以至少處至多之地爻雖賤衆亦從

之小畜彖云柔得位而上下應之是也或有遺爻而舉二體者卦體不由乎爻也

遺棄也棄此一爻而舉二體以明其義卦體之義不在一爻豐歸妹之類是也繁而不憂亂變而不憂

惑約以存博簡以濟衆其唯彖乎簡易者道也君也萬物是衆道能生物君能養民物雖繁

而不憂錯亂爻雖變不憂迷惑亂而不能惑變而不能渝非天下之至賾其孰

能與於此萬物離雜不能惑其君六爻雖變不能渝其主非天下之至賾神武之君其孰能與於此言不能也故觀彖以斯義可見矣觀彖以斯其義可見

明爻通變

夫爻者何也將釋其義假設問辭言乎變者也爻者效也物剛效剛物柔效柔遇物而變動有所之故云言乎變者也變者何也情僞之所爲也變之所㞢生於情僞情僞所適巧詐多端故云情僞之所爲也夫情僞之動非數之所求也情欲僞動數莫能求故合散屈伸與體相乖物之爲體或性同行乖情貌相違同歸殊塗一致百慮故萃卦六二引吉无咎萃之爲體貴相從就六二上在靜退不欲相就人之多辟已獨處正其體雖合志則不同故曰合散乾之初九潛龍勿用身雖潛屈情无憂悶其志則申故曰屈伸形躁好靜質柔愛剛體與情反質與願違至如風虎雲龍嘯吟相感爲之體性形願相從此則情體乖違質願相反故歸妹九四歸妹愆期遲歸有時四體是震是形躁也愆期待時是好靜也履卦六二武人爲于大君志剛也兌體是陰是質柔也志懷剛武人爲于大君是愛剛也巧歷不能定其筭數聖明不能爲之典要萬物之情動變多端雖復巧歷聖明不能定筭其數制典法立要會也法制所不

能齊度量所不能均也雖復法制度量不能均齊詐偽長短為之乎豈在夫大哉情有巧偽變動相乖不在於大而聖明巧歷尚測不知豈在乎大哉陵三軍者或懼於朝廷之儀暴威武者或困於酒色之娛陵三軍暴威武視死如歸者獻酬揖讓汗成霡霂此皆體質剛猛懼在微小故大畜初九有厲利已九三輿說輻雖復剛健怯於柔弱也近不必比遠不必乖近爻不必親比遠爻不必乖離也六二初九爻雖相近守貞不從九五雖遠十年乃字此例是也同聲相應高下不必均也同氣相求體質不必齊也初四二五三上同聲相應不必均高卑也同氣相求不必齊形質也召雲者龍命呂者律雲水氣也龍水畜也召水氣者水畜此明有識感无識命陰呂者陽律此明无識感有識故二女相違而剛柔合體二女俱是陰類而相違剛柔雖異而合體此明異類相應隆墀永歎遠壑必盈隆高也墀水〻墀也永長也處高墀而長歎遠壑之中盈響而應九五尊高喻於隆墀六二卑下同於遠壑唱和相應也投戈散地則六親不能相保投置也散逃也置兵戈於逃散之地雖是至親不能相保守也遯卦九四好遯君子吉處身於外難在於內處外則超然遠遯初六至親不能相保守也同舟而濟則胡越何患乎異心同在一舟而俱濟彼岸胡越雖殊其心皆同若漸卦三四異體和好物莫

能間順而相保似若同在一舟上下殊體猶若胡越利用禦寇何患乎異心故苟識其情不憂乖遠苟明其趣不煩彊武苟識同志之情何憂胡越也苟知逃散之趣不勞用其威武也能說諸心能研諸慮諸物之心憂其凶患爻變示之則物心皆說諸侯之慮在於育物爻變告之其慮益精睽而知其類異而知其通睽彖曰萬物睽而其事類也男女睽而其志同也其唯明爻者乎知取舍察安危辯吉凶知變化其唯明爻者乎故有善邇而遠至命宮而商應善脩治也邇近也近脩治言語千里遠應若中孚之九二鳴鶴在陰其子和之鳴於此和於彼聲同則應有若宮商也脩下而高者降與彼而取此者服矣處下脩正高必命之否之初六拔茅貞吉九四有命疇離祉也與謂上也取謂下也君上福禄不獨有之下人服者感君之德大有六五厥孚交如威如吉之例是也是故情僞相感遠近相追正應相感是實情蹇之二五之例不正相感是僞情頤之二上之例有應雖遠而相追睽之三上之例无應近則相取賁之二三之例是也愛惡相攻屈伸相推同人三四有愛有惡迭相攻伐否泰二卦一盈一伸更相雜謝見情者獲直往則違獲得也見彼之情往必得志也之六四求婚媾往吉无不利之例不揆則往彼必相違六三即鹿无虞惟入于林中君子幾不如舍往吝之例是也故擬議以成其變化語成

器而後有格（格作括，括，結也。動以擬議，極於變化，語成器而後无結閡之患也）不知其所以為主，鼓舞而天下從者，見乎其情者也（鼓舞猶變化也。易道變化，應人如響，退藏於密，不知為主也。其為變化，萬物莫不從之而變，是顯見其情。繫辭曰「聖人之情見乎辭」，又曰「鼓之舞之以盡神」）。是故範圍天地之化而不過，曲成萬物而不遺（範，法也。圍，周也。模範周圍天地變化之道而不過差，委曲成就萬物而不有遺失），通乎晝夜之道而无體，一陰一陽而无窮（陽通晝，陰通夜。晝夜猶變化也。極神妙之道而无體可約，一者道也。道者虛无也。在陰之時，不以生長而為功；在陽之時，不以生長而為力。是以生長无窮。若以生長為功，各盡於有物之功，極豈得无窮乎）。非天下之至變，其孰能與於此哉（非六爻至極通變以應萬物，則不能與於此也）。是故卦以存時，爻以示變（卦以存時，爻以應變）。

明卦適變通爻

夫卦者，時也；爻者，適時之變者也（卦者統一時之大義，爻者適時中之通變）。夫時有否泰，故用有行藏（泰時則行，否時則藏）；卦有小大，故辭有險易（陰長則小，陽生則大。否卦辭險，泰卦辭易）。一時之制，可反而用也；一時之吉，可反而凶也（一時有大

畜比泰之制反有天衢後夫復隍之用一時有豐亨之用反有羇旅之凶也故卦以反對而爻亦皆
變諸卦之體兩相反正其爻隨卦而變泰之初九拔茅彚征吉否之初六拔茅彚貞卦既隨時爻變亦准也是故用
无常道事无軌度動靜屈伸唯變所適卦既推移道用无常爻逐時變故事无軌度動
出靜入屈往伸來唯變所適也故名其卦則吉凶從其類存其時則動靜應其
用名其謙比則吉從其類名其蹇剥則凶從其類震時則動應其用艮時則靜應其用尋名以觀其吉凶
舉時以觀其動靜尋謙比蹇剥則觀知吉凶也舉艮震則觀知動靜也則一體之變由斯
見矣夫應者同志之象也位者爻所處之象也得應則志同相和陰位小人所
處陽位君子所處承乘者逆順之象也遠近者險易之象也陰承陽則順陽承陰
則逆故小過六五承剛逆也六二承陽順也遠難則易近難則隘需卦九三近坎險也初九遠險易矣內外者出
處之象也初上者終始之象也內卦是處外卦為出初為始上為終是故雖遠而
可以動者得其應也雖險而可以處者得其時也上下雖遠而動者有其應
華之六二去五雖遠陰陽相應往者无咎也雖險可以處者得其時也需上六居險之上不憂出穴之凶得其時也弱而

不懼於敵者得所據也憂而不懼於亂者得所附也師之六五爲師之主
體是陰柔禽來犯田執言往討處得尊位所以不懼也遯九五嘉遯貞吉處遯之時小人浸長君子道消逃遯於外附著尊位
率正小人不敢爲亂也柔而不憂於斷者得所御也雖後而敢爲之先者
應其始也噬雖柔弱不憂斷制良由柔御於陽終得剛勝則噬嗑六五噬乾肉得黃金之例初爻處下有應於四者
即是體後而敢爲之先則泰之初九拔茅茹以其彙征吉之例是也物競而獨安於靜者要其終
也物甚爭競已獨安靜會其終也大有上九自天祐之吉无不利餘並乘剛競其豐富已獨安靜不處於位由居上極要其
終也故觀變動者存乎應察安危者存乎位爻有變動存乎應而有應動動則一失若
謙之九三勞謙君子有終吉之例爻之安危存乎位則安若節之六四安節亨之例是失位則危若晉之九四晉如鼫鼠貞厲
之類是也辯逆順者存乎承乘陽乘於陰逆也師之六二師或輿尸凶陰承於陽順也噬嗑六三小吝无
咎承於九四雖失其正小吝无咎也明出處者存乎外內遯君子處外臨君子處內遠近終始
各存其會適得其時則吉失其要會則凶辟險尚遠趣時貴近遯之上九肥遯无不利此尚遠
也觀之六四觀國之光利用賓于王此貴近也比復好先乾壯惡首比初六有孚无咎上六比之无首凶

復之初九不遠復无祇悔元吉上六迷復凶乾上九亢龍有悔大壯上六羝羊觸藩不能退不能遂无攸利之例是也明夷務暗豐尚光大明夷彖云利艱貞晦其明也豐彖云勿憂宜日中是也吉凶有時不可犯也時有吉凶不可越分輕犯動靜有適不可過也動靜適時不可過越而動犯時之忌罪不在大失其所適過不在深若夬之九三壯于頄有凶得位有應時方陽長同決小人三獨應之犯時之忌凶其宜也大過九四棟隆吉有它吝大過之時陽處陰位爲美九四陽處陰位能隆其棟良由應初則有它吝此所適違時□動天下滅君主而不可危也事之大者震動宇宙弑滅君主違於臣道不可傾危若離之九四突如其來如焚如死如棄如之例是也侮妻子用顏色而不可易也事之小者侮慢妻子用顏色若家人尚嚴不可慢易也若家人九三家人嗃嗃悔厲吉婦子嘻嘻終吝故當其列貴賤之時其位不可犯也位有貴賤爻有尊卑職分既定不可觸犯遇其憂悔吝之時其介不可慢也吉凶之始彰也存乎微兆悔吝纖介雖細不可慢易而不慎也觀爻思變變斯盡矣

明象

夫象者出意者也言者明象者也立象所以表出其意作其言者顯明其象若乾能變化龍

足變物欲明乾象假龍以明乾以明龍者假言以象龍龍則象意也盡意莫若象盡象莫若言象以
表意言以盡象言生於象故可尋言以觀象若言能生龍尋言可以觀龍象生於意
故可尋象以觀意乾能羽意尋乾以觀其意意以象盡象以言著言之盡也象以盡之
象之著也言以著之故言者所以明象得象而忘言象者所以存意得意
而忘象既得龍象其言可忘既得乾象其龍可捨猶蹄者所以在兔得兔而忘蹄蹄以
喻言兔以喻象存蹄得兔得兔忘蹄筌者所以在魚得魚而忘筌也求魚在筌得魚棄筌然
則言者象之蹄也象者意之筌也蹄以喻言筌以比象是故存言者非得
象者也存象者非得意者也未得象者存言言則非象未得意者存象象則非意象生於
意而存象焉則所存者乃非其象也所存者在意也言生於象而存言
焉則所存者乃非其言也所存者在象也然則忘象者乃得意者也忘
言者乃得象者也忘象得意忘言得象得意在忘象得象在忘言棄執而從得之
故立象以盡意而象可忘也重畫以盡情而畫可忘也盡意可遺象盡

情可遺，畫若盡和同之意，忘其天火之象，得同志之心，拔茅之畫盡可棄也。是故觸類可爲其象，合義可爲其徵。徵，驗也。觸逢事類則爲象，魚龍牛馬鹿狐鼠之類，大人君子義同爲驗也。義苟在健，何必馬乎？類苟在順，何必牛乎？大壯九三有乾，亦云羝羊；坤卦无乾，彖亦云牝馬。爻苟合順，何必坤乃爲牛？義苟應健，何必乾乃爲馬？遯无坤，六三亦稱牛；明夷无乾，六二亦稱馬。而或者定馬於乾，唯執乾爲馬，其象未弘也。案文責卦，有馬无乾，則僞說滋漫，難可紀矣。互體不足，遂及卦變；變又不足，推致五行。廣推金木水火土爲象也。一失其原，巧僞彌甚。一失聖人之原旨，廣爲譬諭，失之甚。縱復或值，而義无所取。蓋存象忘意之由也。失魚兔則空守筌蹄，遺健順則空設龍馬。忘象以求其意，義斯見矣。

辯位

案彖无初上得位失位之文，陰陽居之，不云得失。又繫辭但論三五二四同功異位，亦不及初上，何乎？同其意也。唯乾上九文言云：「貴而无位」

陽居之也需上六云雖不當位陰居之也若以上爲陰位邪則需上六不得云不當位也若以上爲陽位邪則乾上九不得云貴而无位也陰陽處之皆云非位而初亦不說當位失位也不論當位失位凶吉之由然則初上者是事之終始无陰陽定位也初爲始上爲終施之於人爲終始非祿位之地也故乾初謂之潛過五謂之无位未有處其位而云潛上有位而云无者也歷觀衆卦盡亦如之初上无陰陽定位亦以明矣夫位者列貴賤之地待才用之宅也宅居也二四陰賤小人居之三五陽貴君子居之爻者守位分之任應貴賤之序者也名守其位應之以序位有尊卑爻有陰陽尊者陽之所處卑者陰之所履也故以尊爲陽位卑爲陰位去初上而論位分則三五各在一卦之上亦何得不謂之陽位二四各在一卦之下亦何得不謂之陰位初上者體之終始事之先後也故位无常分事无常所非可以陰陽定也尊卑

有常序終始无常主（四爻有尊卑之序終始无陰陽之常主也）故繫辭但論四爻功位之通例而不及初上之定位也然事不可无終始卦不可无六爻初上雖无陰陽本位是終始之地也統而論之爻之所處則謂之位卦以六爻為成則不得不謂之六位時成也

略例下

凡體具四德者則轉以勝者為先故曰元亨利貞也（元者生物之始春也亨爲會聚於物夏也利爲和諧品物秋也貞能幹濟於物冬也乾用此四德以成君子大人之法也）其有先貞而後亨者亨由於貞也（離卦云利貞亨）凡陰陽者相求之物也近而不相得者志各有所存也（比之六三處二四之間四自外比二為五貞所與比者皆非已親是有所存者也）故凡陰陽二爻率相比而无應則近而不相得（隨之六三係丈夫九四隨有獲是无應而相得之例也）有應則雖遠而相得（既濟六二有應於五與初三相近情不相得之例）然時有險易卦有小大（否險泰易遯小臨大）同救以相親同辟以相疏（睽之初九

九四陰陽非應俱是睽孤同處[illegible]下交乎相救而得悔亡是同救相親困之初六有應於四潛處幽谷九四有應於初來徐徐志意懷疑同避金卓兩相蹤遠也故或有違斯例者也然存時以考之義可得也或有情僞生違此例首存其時考其驗莫不得之凡彖者統論一卦之體者也象者各辯一爻之義者也彖統論卦體象各明一爻之義故履卦六三爲兌之主以應於乾成卦之體在斯一爻故彖敘其應雖危而亨也彖云柔履剛說而應乎乾是以履虎尾不咥人亨也象則各言六爻之義明其吉凶之行去六三六三履虎尾咥人凶成卦之體而指說一爻之德故危不獲亨而見咥也彖言不咥象言見咥明爻彖其義各異也訟之九二亦同斯義訟彖云有孚窒惕中吉剛來而得中注云其在二乎以剛而來正夫羣小斷不失中應斯任矣九二不克訟歸而逋其邑人三百戶无眚也凡彖者通論一卦之體者也一卦之體必由一爻爲主則指明一爻之美以統一卦之義䷍大有之類是也卦體不由乎一爻則全以二體之義明之䷶豐卦之類是也凡言无咎者本皆有咎者也防得

其道故得无咎也（乾之九三君子終日乾乾无咎若防失其道則有過咎也）吉无咎者本亦有咎由吉故得免也（師貞丈人吉无咎注云興役動衆无功罪也故吉乃免咎）无咎吉者先免於咎而後吉從之也（比初六有孚比之无咎終來有它吉之例也）或亦處得其時吉不待功不犯於咎則獲吉也（需之九二需于沙小有言終吉注云近不逼難遠不後時履健居中以待其會雖小有言以吉終也）或有罪自己招无所怨咎亦曰无咎故節六三曰不節若則嗟若无咎象曰不節之嗟又誰咎也此之謂矣

卦略（凡十一卦）

䷂屯此一卦皆陰爻求陽也屯難之世弱者不能自濟必依於彊民思其主之時也故陰爻皆先求陽不召自往焉雖班如而猶不廢不得其主无所馮也初體陽爻處首居下 所求合其所望故大得民也（江海處下百川歸之君能下物萬人歸之）

䷃蒙此一卦陰爻亦先求陽夫陰[illegible]昧而陽明陰困童蒙陽能發

之凡不識者求問識者識者不求亦告闇者求明明者不諮於
闇故童蒙求我匪我求童蒙也故六三先唱則犯於爲女四遠
於陽則困蒙吝初比於陽則發蒙也

䷉履雜卦曰履不處也又曰履者禮也謙以制禮陽處陰位謙
也故此一卦皆以陽處陰爲美也九五夬履貞厲履道惡盈而五處尊位三居陽位則見咥
也○履不處謂陽爻不處其位爲美履者禮也今雜卦无此句韓注有或傳寫者誤

䷒臨此剛長之卦也剛勝則柔危矣柔有其德乃得免咎故此
一卦陰爻雖美莫過无咎也

䷓觀之爲義以所見爲美者也故以近尊爲尚遠之爲吝遠爲童觀近爲觀國

䷛大過者棟橈之世也本末皆弱棟已橈矣而守其常則是危
而弗扶凶之道也以陽居陰拯弱之義也故陽爻皆以居陰位

爲美濟衰救危唯在同好則所贍褊矣故九四有應則有它吝九二无應則无不利也大過之時陽處陰位心无係應爲吉陽得位有應則凶也

䷠遯小人浸長難在於內亨在於外與臨卦相對者也臨剛長則柔危遯柔長故剛遯也遯以遠時爲吉不係上則肥遯初則有厲

䷡大壯未有違謙越禮能全其壯者也故陽爻皆以處陰位爲美用壯處謙壯乃全也用壯處壯則觸藩矣

䷣明夷爲闇之主在於上六初最遠之故曰君子于行五最近之而難不能溺故謂之箕子之貞明不可息也三處明極而征至闇故曰南狩獲其大首也遠難藏明明夷之義

䷥睽者睽而通也於兩卦之極觀之義最見矣極睽而合極異而通故先見怪焉洽乃疑亡也火[illegible]動而上澤動[illegible]睽義見矣

䷶豐比一卦明以動之卦也尚[illegible]光顯宣揚發暢者也故爻皆

小陰位又不應陰爲美其統也小昧闇不已矣小闇謂之沛
大闇謂之蔀闇甚則明盡未盡則昧昧明盡則斗星見明微故
見昧无明則无與乎世見昧則不可以大事折其右肱雖左肱
在豈足用于日中之盛而見昧而已豈足任乎豐之爲義貴在光大惡於闇昧也

[illegible]卷第十

五福五代堂寶

八徵耄念之寶

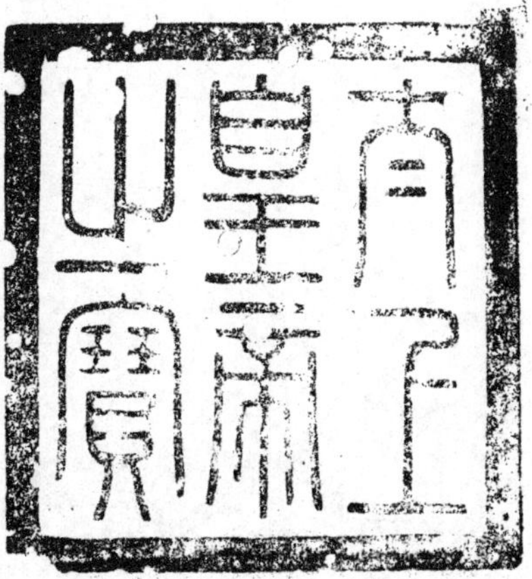
太上皇帝之寶